Dr. Oetker

Sommerküche

Dr. Oetker

Sommerküche

Vorwort

Wenn es im Sommer reichlich frisches Obst und Gemüse sowie frische Kräuter vom Markt
oder aus dem eigenen Garten gibt, ist dies die günstigste Gelegenheit,
mit unseren Rezepten die Leichtigkeit des Sommers zu genießen.
Für den täglichen Genuss haben wir eine Vielfalt von Rezepten für Salate,
heiße und kalte Suppen, Snacks und leichten Hauptgerichten zusammengestellt.
Hier finden Sie Klassiker der Sommerküche, wie z. B. Gazpacho, aber auch neue
Rezeptkreationen. Geeiste Zuckerschotensuppe, Tomaten-Carpaccio mit Zucchini und
Hähnchenbrustfilet in Safrangemüse sorgen nicht nur an den heißesten Sommertagen
für kulinarische Abwechslung.
Super ist dabei, dass dafür niemand lang in der Küche stehen muss,
da die Rezepte schnell zuzubereiten bzw. gut vorzubereiten sind.
Alle Rezepte wurden erprobt und so beschrieben,
dass die Gerichte leicht nachzukochen sind.

Abkürzungen

EL	= Esslöffel
TL	= Teelöffel
Msp.	= Messerspitze
Pck.	= Packung/Päckchen
g	= Gramm
kg	= Kilogramm
ml	= Milliliter
l	= Liter
Min.	= Minuten
Std.	= Stunden
evtl.	= eventuell
geh.	= gehäuft
gestr.	= gestrichen
TK	= Tiefkühlprodukt
°C	= Grad Celsius
Ø	= Durchmesser
E	= Eiweiß
F	= Fett
Kh	= Kohlenhydrate
kcal	= Kilokalorien
kJ	= Kilojoule

Hinweise zu den Rezepten

Die Rezepte sind – wenn nicht anders ange-
geben – für 4 Personen berechnet. Lesen Sie
vor der Zubereitung – besser noch vor dem
Einkauf – das Rezept einmal vollständig
durch. Oft werden Arbeitsabläufe oder -zu-
sammenhänge dann klarer. Die in den Rezepten angegebenen Gartemperaturen und
-zeiten sind Richtwerte, die je nach individu-
eller Hitzeleistung des Backofens über- oder
unterschritten werden können. Beachten Sie
die Gebrauchsanweisung des Herstellers.

Zubereitungszeiten

Die Zubereitungszeit ist ein Anhaltswert für
die Zeit der Vorbereitung und die eigentliche
Zubereitung, die Garzeiten sind, in der Regel,
gesondert ausgewiesen. Bei einigen Rezepten
setzt sich die Gesamtgarzeit aus mehreren
Teilgarzeiten zusammen. Längere Wartezeiten
wie z. B. Kühl- und Auftauzeiten sind nicht
einbezogen.

Kapitelübersicht

Suppen

Seite 8–23

Salate

Seite 24–51

Snacks & Kleinigkeiten

Seite 52–81

Kapitelübersicht

Fleisch & Fisch

Seite 82–109

Vegetarisch

Seite 110–123

Geeiste Zuckerschotensuppe

Gut vorzubereiten

400 g Zuckerschoten
200 g mehlig kochende
Kartoffeln
750 ml (³/₄ l) Gemüsebrühe
1 Bund Kerbel
Salz
frisch gemahlener Pfeffer
100 g Doppelrahm-Frischkäse

Zubereitungszeit:
50 Minuten, ohne Kühlzeit

Pro Portion:
E: 8 g, F: 8 g, Kh: 17 g,
kJ: 728, kcal: 173

1 Von den Zuckerschoten die Enden abschneiden, die Schoten evtl. abfädeln, waschen und abtropfen lassen. Kartoffeln waschen, schälen, abspülen und in kleine Stücke schneiden.

2 Zuckerschoten mit den Kartoffelstücken und der Gemüsebrühe in einem Topf zum Kochen bringen, etwa 30 Minuten kochen lassen.

3 Kerbel abspülen und trockentupfen. Die Blättchen von den Stängeln zupfen und beiseite legen. Kerbelstängel fein schneiden und mit in den Topf geben. Gekochte Zuckerschoten und Kartoffelstücke fein pürieren. Die Suppe mit Salz und Pfeffer abschmecken und erkalten lassen.

4 Frischkäse in eine Schüssel geben und mit Salz und Pfeffer verrühren. Mithilfe von 2 Teelöffeln 4–8 Käseklößchen abstechen.

5 Die erkaltete Zuckerschotensuppe in ein gefriergeeignetes Gefäß füllen und etwa 1 Stunde vor dem Servieren in das Gefrierfach geben.

6 Zum Servieren die Suppe durchrühren und in 4 Suppentassen oder -teller umfüllen, je 1–2 Käseklößchen hineingeben und mit den beiseite gelegten Kerbelblättchen garnieren. Nach Belieben die Suppe mit Pfeffer bestreuen.

Tipp: Statt frischer Zuckerschoten können Sie die Suppe auch mit 400 g TK-Erbsen zubereiten. Die Kochzeit reduziert sich dabei um etwa 20 Minuten.

Bunte Gemüsesuppe

Klassisch

1 kleiner Blumenkohl
(etwa 500 g)
2 mittelgroße Möhren
125 g grüne Bohnen
200 g junge Erbsenschoten
1 Stange Porree (Lauch)
1 Stück Sellerieknolle (125 g)
40 g Butter oder Margarine
750 ml (³/₄ l) Gemüsebrühe
1 Bund Petersilie
Salz
frisch gemahlener Pfeffer

Zubereitungszeit:
60 Minuten

Pro Portion:
E: 6 g, F: 9 g, Kh: 9 g,
kJ: 582, kcal: 139

1 Von dem Blumenkohl die Blätter und die schlechten Stellen entfernen. Den Strunk herausschneiden und den Blumenkohl in Röschen teilen. Röschen waschen und abtropfen lassen. Möhren putzen, schälen, waschen und abtropfen lassen. Die Möhren mit einem Buntschneidemesser in Scheiben schneiden.

2 Von den Bohnen die Enden abschneiden, die Bohnen evtl. abfädeln, waschen und abtropfen lassen. Bohnen in Stücke schneiden oder brechen. Erbsen aus den Schoten palen. Erbsen waschen und abtropfen lassen.

3 Von der Porreestange die Außenblätter entfernen, Wurzelende und dunkles Grün abschneiden. Die Stange seitlich einschneiden, gründlich waschen, abtropfen lassen und in 1 cm lange Stücke schneiden.

4 Sellerie schälen, evtl. schlechte Stellen herausschneiden. Sellerie waschen, abtropfen lassen und in kleine Würfel schneiden.

5 Butter oder Margarine in einem großen Topf zerlassen und das Gemüse unter Rühren darin andünsten. Brühe hinzugießen und zum Kochen bringen. Das Gemüse in 15–20 Minuten bissfest kochen.

6 Petersilie abspülen und trockentupfen, die Blättchen von den Stängeln zupfen. Blättchen fein schneiden oder hacken. Die Gemüsesuppe mit Salz und Pfeffer würzen und mit Petersilie bestreut servieren.

Tipp: Statt frischer Erbsenschoten können Sie auch 150 g TK-Erbsen verwenden. Diese müssen dann nur 5 Minuten mitgegart werden.

Gurkencremesuppe mit Lachs

Mit Alkohol – Foto

100 g TK-Lachsfilet
2 Schalotten
30 g Butter
1 große Salatgurke
(etwa 800 g)
750 ml (³/₄ l) Geflügelbrühe
50 ml Schlagsahne
Salz
frisch gemahlener Pfeffer
50 ml trockener Weißwein
4 Dillstängel

Zubereitungszeit:

35 Minuten, ohne Auftauzeit

Pro Portion:

E: 7 g, F: 12 g, Kh: 4 g,
kJ: 681, kcal: 162

1 Lachsfilet auftauen lassen, unter fließendem kalten Wasser abspülen und trockentupfen. Lachsfilet in Stücke schneiden. Schalotten abziehen und fein würfeln. Butter in einem großen Topf zerlassen und die Schalottenwürfel darin andünsten.

2 Gurke schälen, die Enden abschneiden und die Gurke längs halbieren. Die Kerne mit einem Löffel herausschaben. Gurke in kleine Stücke schneiden und zu den Schalotten geben. Mit der Hälfte der Brühe auffüllen und zum Kochen bringen, etwa 5 Minuten bei schwacher Hitze köcheln lassen. Mit dem Pürierstab fein pürieren.

3 Sahne und restliche Brühe hinzufügen und alles einmal aufkochen lassen. Mit Salz und Pfeffer würzen, Wein hinzufügen und erwärmen. Dill abspülen und trockentupfen. Die Spitzen von den Stängeln zupfen. Dillspitzen in die Suppe rühren.

4 Lachsstücke in vorgewärmte Suppenteller geben. Die Suppe sehr heiß über die Lachsstücke geben und sofort servieren.

Radieschensuppe

Vegetarisch

3 Schalotten, 3 Bund
Radieschen (etwa 700 g)
2 EL Butter
750 ml (³/₄ l) Gemüsebrühe
1 TL Salz, weißer Pfeffer
Saft von ¹/₂ Zitrone
1 TL Worcestersauce

Zubereitungszeit:

60 Minuten

Pro Portion:

E: 2 g, F: 9 g, Kh: 4 g,
kJ: 431, kcal: 103

1 Schalotten abziehen und fein würfeln. Von den Radieschen die Wurzelenden und das Grün entfernen. Radieschen waschen, abtropfen lassen und in kleine Würfel schneiden.

2 Butter in einem Topf zerlassen und die Schalottenwürfel darin andünsten. Radieschenwürfel hinzufügen und kurz mitdünsten. Gemüsebrühe hinzugießen und unter gelegentlichem Rühren etwa 20 Minuten kochen. Anschließend die Suppe mit einem Mixer fein pürieren.

3 Suppe mit Salz, Pfeffer, Zitronensaft und Worcestersauce abschmecken.

Gazpacho (Kalte Gemüsesuppe)

Klassisch – Gut vorzubereiten

100 g altbackenes Weißbrot
1 grüne Paprikaschote
500 g reife Tomaten
2 abgezogene, zerdrückte
Knoblauchzehen
2 Zwiebeln
60 ml Olivenöl
60 ml Rotwein
125 ml (¹/₈ l) Hühnerbrühe
Salz
frisch gemahlener Pfeffer

Für die Suppeneinlage:
2 Scheiben Toastbrot
3 EL Olivenöl
¹/₂ Salatgurke
2 Schalotten
2 Tomaten
1 kleine grüne Parikaschote
10 grüne Oliven ohne Stein
(aus dem Glas)

Zubereitungszeit:
40 Minuten, ohne Kühlzeit

Pro Portion:
E: 6 g, F: 26 g, Kh: 27 g,
kJ: 1591, kcal: 379

1 Weißbrot in kaltem Wasser einweichen. Paprikaschote halbieren, entstielen, entkernen und die weißen Scheidewände entfernen. Schote waschen, abtropfen lassen und in kleine Würfel schneiden.

2 Tomaten waschen und kreuzweise einschneiden. Tomaten kurz in kochendes Wasser legen (nicht kochen lassen), dann mit kaltem Wasser übergießen. Tomaten enthäuten, halbieren und die Stängelansätze herausschneiden. Tomaten in kleine Würfel schneiden. Knoblauchzehen und Zwiebeln abziehen und fein würfeln.

3 Weißbrot gut ausdrücken, mit Gemüsewürfeln, Olivenöl, Rotwein und Hühnerbrühe portionsweise in den Mixer geben und zu einer glatten Masse verarbeiten. Masse mit Salz und Pfeffer würzen und zugedeckt einige Stunden in den Kühlschrank stellen.

4 Für die Suppeneinlage Toastbrot in Würfel schneiden. Öl in einer Pfanne erhitzen und die Toastbrotwürfel darin goldgelb rösten. Gurke waschen, abtrocknen und in kleine Würfel schneiden.

5 Schalotten abziehen, würfeln. Tomaten waschen und kreuzweise einschneiden. Tomaten kurz in kochendes Wasser legen (nicht kochen lassen), dann mit kaltem Wasser übergießen. Tomaten enthäuten, halbieren und die Stängelansätze herausschneiden. Tomaten entkernen und in Würfel schneiden.

6 Paprikaschote halbieren, entstielen, entkernen und die weißen Scheidewände entfernen. Schote waschen, abtrocknen und in feine Streifen oder kleine Würfel schneiden. Oliven in einem Sieb abtropfen lassen und in Scheiben schneiden.

7 Kurz vor dem Servieren die gekühlte Suppe kräftig durchrühren, evtl. einige Eiswürfel hineingeben und in 4 Suppenteller oder Suppenschalen füllen. Gemüsestücke und Weißbrotwürfel in die Suppe geben.

Beilage: Baguette oder getoastete Weißbrotscheiben.

Kalte Tomaten-Aprikosen-Suppe

Gut vorzubereiten – Foto

2 Schalotten, 1 EL Olivenöl
1 Dose (850 g) geschälte
Tomaten
1 TL gerebelter Oregano
Salz, frisch gemahlener Pfeffer
1 TL Zucker
1 Dose Aprikosenhälften
(Abtropfgewicht 240 g)
1 Becher (150 g)
Crème légère,
etwas Zitronensaft

Nach Belieben:
einige Minzeblättchen

Zubereitungszeit:
40 Minuten, ohne Abkühlzeit

Pro Portion:
E: 4 g, F: 9 g, Kh: 27 g,
kJ: 870, kcal: 208

1 Die Schalotten abziehen und sehr fein würfeln. Olivenöl in einer Pfanne mit hohem Rand erhitzen und die Schalottenwürfel darin andünsten. Tomaten mit der Flüssigkeit hinzufügen, zum Kochen bringen und unter gelegentlichem Umrühren etwa 10 Minuten köcheln lassen. Tomatensuppe mit Oregano, Salz, Pfeffer und Zucker abschmecken und anschließend pürieren. Suppe erkalten lassen.

2 Aprikosenhälften mit dem Saft pürieren. Crème légère unterrühren und die Suppe mit Zitronensaft abschmecken.

3 4 tiefe Teller bereitstellen und in jeden Teller gleichzeitig von rechts und links, jeweils eine Kelle Tomaten- und Aprikosensuppe geben.

4 Nach Belieben Minzeblättchen abspülen und trockentupfen, die Tomaten-Aprikosen-Suppe damit garnieren.

Tipp: Die Suppe mit geschrotetem Pfeffer bestreuen und geröstete Weißbrotwürfel dazuservieren.

Möhren-Orangen-Suppe mit Kerbel

Einfach

etwa 700 g Möhren
750 ml (³/₄ l) Gemüsebrühe
2 Orangen
Salz, frisch gemahlener Pfeffer
Zucker
¹/₂ Topf Kerbel

Zubereitungszeit:
40 Minuten

1 Möhren putzen, schälen, waschen, abropfen lassen und in kleine Stücke schneiden. Möhrenstücke mit der Gemüsebrühe in einem Topf zum Kochen bringen und in etwa 15 Minuten gar kochen.

2 Orangen so schälen, dass die weiße Haut vollständig entfernt wird. Orangenfilets herausschneiden, in kleine Stücke schneiden und etwa 5 Minuten vor Ende der Garzeit mit in die Gemüsebrühe geben. Die Suppe pürieren und mit Salz, Pfeffer und Zucker abschmecken.

(Fortsetzung Seite 18)

3 Kerbel abspülen, trockentupfen und die Blättchen von den Stängeln zupfen. Einige Blättchen zum Garnieren beiseite legen. Die restlichen Blättchen klein schneiden und in die Suppe einrühren. Die Suppe mit den beiseite gelegten Kerbelblättchen garniert servieren.

Geflügel-Spinat-Suppe

Raffiniert

2 Zwiebeln
1–2 Knoblauchzehen
750 g Putenbrustfilet
1–2 Bio-Zitronen
(unbehandelt, ungewachst)
2 EL Speiseöl
Salz
frisch gemahlener Pfeffer
1 geh. EL Weizenmehl
1¼ l Hühnerbrühe
100 g Langkornreis
150 g TK-Blattspinat

einige abgezogene Mandeln

Zubereitungszeit:
45 Minuten

Pro Portion:
E: 50 g, F: 10 g, Kh: 26 g,
kJ: 1675, kcal: 401

1 Zwiebeln und Knoblauch abziehen und in feine Würfel schneiden. Putenbrustfilet unter fließendem kalten Wasser abspülen, trockentupfen und in Würfel schneiden.

2 Zitronen gründlich heiß waschen und abtrocknen, mit einem Zestenreißer einige Zesten zum Garnieren abschälen. Zitronen mit einem Messer so schälen, dass die weiße Haut mit entfernt wird. Zitronen in dünne Scheiben schneiden.

3 Öl in einer Pfanne erhitzen, die Putenbrustwürfel darin portionsweise rundherum kräftig anbraten, in einen großen Topf geben und mit Salz und Pfeffer würzen. Zwiebeln und Knoblauch in das verbliebene Bratfett geben, kurz anbraten und zu dem Fleisch geben.

4 Mehl darüber stäuben und unterrühren. Brühe unter Rühren dazugießen und aufkochen lassen. Zitronenscheiben, Reis und Spinat unaufgetaut hinzufügen, zum Kochen bringen und etwa 15 Minuten garen, ab und zu umrühren. Suppe mit Salz und Pfeffer abschmecken, mit Mandeln anrichten und mit Zesten garnieren.

Tipp: Sie können die Suppe bereits am Vortag vorbereiten. Dann den Reis getrennt garen, da er stark nachdickt, und vor dem Servieren in der Suppe erwärmen. Reduzieren Sie die Hühnerbrühemenge dann von 1¼ l auf 1 Liter.

Erdbeer-Pfirsich-Kaltschale

Mit Alkohol – Foto

500 ml (¹/₂ l) Orangensaft
200 ml Weißwein
50 g Perl-Sago
2 Pfirsiche
500 g Erdbeeren
etwas Zucker
1 Msp. gemahlener Zimt

einige Zitronenmelisseblättchen

Zubereitungszeit:
40 Minuten, ohne Kühlzeit

Pro Portion:
E: 2 g, F: 1 g, Kh: 41 g,
kJ: 937, kcal: 224

1 Orangensaft mit Weißwein in einem Topf zum Kochen bringen. Sago einrühren und 15–20 Minuten bei schwacher Hitze zugedeckt köcheln lassen, dabei gelegentlich umrühren.

2 Pfirsiche waschen, kurz in kochendes Wasser tauchen, dann mit kaltem Wasser übergießen. Pfirsiche enthäuten, halbieren, Steine entfernen und das Fruchtfleisch in Würfel schneiden.

3 Erdbeeren putzen, waschen und abtropfen lassen. Stielansätze entfernen und große Früchte halbieren. Pfirsichwürfel und Erdbeeren in die Kaltschale geben.

4 Warme Kaltschale mit Zucker und Zimt abschmecken, erkalten lassen und in den Kühlschrank stellen.

5 Zitronenmelisseblättchen abspülen und trockentupfen. Die Kaltschale gut gekühlt und mit Melisseblättchen bestreut servieren.

Tipp: Anstelle von frischen Pfirsichen können auch Pfirsiche aus der Dose (Abtropfgewicht 240 g) verwendet werden.
Für Kinder den Weißwein durch Apfelsaft ersetzen.

Himbeer-Buttermilch-Kaltschale

Schnell

250 g frische Himbeeren
500 ml Buttermilch
Saft von ¹/₂ Zitrone
2 EL Zucker
20 g Weizenkleie
1–2 Stängel Zitronenmelisse

1 Himbeeren verlesen, vorsichtig abspülen und trockentupfen. Einige Himbeeren zum Garnieren beiseite legen. Restliche Himbeeren pürieren.

2 Buttermilch mit Zitronensaft, Zucker und Weizenkleie verrühren, pürierte Himbeeren unterrühren. Kalt stellen.

(Fortsetzung Seite 22)

3 Zitronenmelisse abspülen, trockentupfen und in kleinere Stängel zupfen. Die Himbeer-Buttermilch-Kaltschale in Gläser füllen. Die beiseite gelegten Himbeeren nach Belieben auf Spieße stecken und diese auf die Gläser legen.

4 Himbeer-Buttermilch-Kaltschale mit den kleinen Zitronenmelissestängeln garnieren.

Reis-Möhren-Suppe mit Limetten

Preiswert

1 Zwiebel abziehen und fein würfeln. Butter in einem Topf zerlassen. Zwiebelwürfel und Reis unter Rühren darin glasig dünsten.

2 Gemüsebrühe hinzugießen und zum Kochen bringen. Den Reis zugedeckt bei schwacher Hitze 15 Minuten ausquellen lassen, dabei gelegentlich umrühren.

3 Möhren putzen, schälen, waschen und in kleine Würfel schneiden. Möhrenwürfel in die Suppe geben und etwa 5 Minuten mitgaren. Reis-Möhren-Suppe mit Salz und Muskat würzen.

4 Eine Limette auspressen und den Saft in die Suppe gießen. Die zweite Limette gründlich heiß waschen, abtrocknen und in dünne Scheiben schneiden, zum Garnieren beiseite legen.

5 Crème fraîche in die Suppe einrühren. Die Suppe mit den Limettenscheiben garniert servieren.

Antipasti-Salat

Vegetarisch

250 g Cocktailtomaten
gemischte frische
Kräuterstängel
(z. B. je 3–4 Stängel
Basilikum, Thymian,
Majoran, Rosmarin)
1 Knoblauchzehe
1 Glas grüne Oliven ohne Stein
(Abtropfgewicht 170 g)
1 Glas schwarze Oliven ohne
Stein (Abtropfgewicht 170 g)
400 g kleine Mozzarellakugeln
3 EL Balsamico-Essig
8 EL Olivenöl
Salz
frisch gemahlener Pfeffer

Zubereitungszeit:

20 Minuten,
ohne Durchziehzeit

Pro Portion:
E: 21 g, F: 61 g, Kh: 5 g,
kJ: 2750, kcal: 657

1 Cocktailtomaten waschen, trockentupfen, halbieren und die Stängelansätze herausschneiden. Cocktailtomatenhälften in eine Schüssel geben.

2 Kräuterstängel abspülen und trockentupfen. Die Blättchen bzw. Nadeln von den Stängeln zupfen. Blättchen bzw. Nadeln fein hacken. Knoblauch abziehen und fein würfeln.

3 Oliven in einem Sieb abtropfen lassen. Gehackte Kräuter und Knoblauch mit Oliven, Mozzarellakugeln, Balsamico-Essig und Olivenöl unter die Cocktailtomaten geben. Mit Salz und Pfeffer würzen.

4 Den Salat im Kühlschrank etwa 1 Stunde durchziehen lassen, dabei gelegentlich umrühren.

Beilage: Ofenwarmes Ciabatta-Brot.

Tipp: Statt kleiner Mozzarellakugeln können Sie auch 400 g Mozzarella-Käse in kleine Würfel schneiden.

Melonensalat mit Vanillequark

Schnell – Foto

4 kleine Netzmelonen
4 rote Johannisbeerrispen
500 g Speisequark
(20% Fett i. Tr.)
1 Vanilleschote
1 Pck. Vanillin-Zucker
Saft von einer Zitrone

Zubereitungszeit:

25 Minuten

Pro Portion:

E: 17 g, F: 7 g, Kh: 24 g,
kJ: 975, kcal: 232

1 Die Melonen im oberen Drittel ringsherum bis zur Mitte zickzackförmig einschneiden und den oberen Teil abheben. Kerne mit einem Löffel herausschaben. Das Fruchtfleisch mit einem Kugelausstecher herausstechen bzw. die Melone mit einem Löffel aushöhlen und das Fruchtfleisch in Würfel schneiden. Ausgehöhlte Melonen kühl stellen.

2 Johannisbeerrispen abspülen und trockentupfen. Quark in eine Schüssel geben. Vanilleschote der Länge nach aufschlitzen und das Vanillemark herausschaben. Vanillemark mit dem Vanillin-Zucker unter den Quark rühren. Vanillequark mit dem Zitronensaft abschmecken.

3 Melonenkugeln bzw. Melonenwürfel in die ausgehöhlten Melonen füllen und eine Quarkhaube und Johannisbeerrispen dekorativ darauf setzen.

Grüner Melonensalat

Erfrischend – Vegetarisch

1 Ogenmelone
1 Kopf Friséesalat
150 g Feldsalat

Für die Sauce:

Saft von 1 Zitrone
Salz
gemahlener weißer Pfeffer
1 TL Zucker
5 EL Speiseöl

Zubereitungszeit:

30 Minuten

Pro Portion:

E: 2 g, F: 13 g, Kh: 7 g,
kJ: 648, kcal: 155

1 Melone halbieren und entkernen. Aus dem Fruchtfleisch kleine Kugeln ausstechen oder das Fruchtfleisch in Würfel schneiden.

2 Von dem Friséesalat die äußeren welken Blätter entfernen, die anderen vom Strunk lösen. Salatblätter waschen, trockenschleudern und in mundgerechte Stücke zupfen.

3 Von dem Feldsalat die Wurzelenden abschneiden. Schlechte Blätter entfernen, den Salat gründlich waschen und gut abtropfen lassen oder trockenschleudern.

4 Die beiden Salate vorsichtig miteinander vermischen und in eine Schüssel geben. Die Melonenkugeln bzw. -würfel darauf geben.

5 Für die Sauce Zitronensaft mit Salz, Pfeffer und Zucker verrühren, das Öl unterschlagen, evtl. die Sauce nochmals abschmecken und über den Salat träufeln.

Sommerlicher Spargel-Käse-Salat

Für Gäste

Für den Salat:

500 g weißer Spargel
250 ml (¼ l) Wasser
1 gestr. TL Salz
½ gestr. TL Zucker
150 g Zuckerschoten
Wasser
1 gestr. TL Salz
200 g Putenbrustfilet
2 EL Speiseöl
Salz
frisch gemahlener Pfeffer
100 g Cocktailtomaten
½ Kopf Friséesalat
150 g Gouda-Käse

Für das Dressing:

125 ml (⅛ l) Spargelwasser
3–4 EL Essig,
z. B. Weißweinessig
3 EL Walnussöl
1 TL mittelscharfer Senf
2 EL gemischte gehackte
Kräuter (z. B. Petersilie, Dill,
Schnittlauch)
frisch gemahlener Pfeffer

Zubereitungszeit:

45 Minuten

Pro Portion:

E: 26 g, F: 20 g, Kh: 7 g,
kJ: 1323, kcal: 316

1 Für den Salat Spargel von oben nach unten schälen, darauf achten, dass die Schalen vollständig entfernt, die Köpfe aber nicht verletzt werden. Die unteren Enden abschneiden (holzige Stellen vollkommen entfernen). Spargelstangen waschen, abtropfen lassen und in 4–5 cm lange Stücke schneiden.

2 Wasser mit Salz und Zucker in einem Topf zum Kochen bringen. Spargelstücke hinzufügen, zum Kochen bringen und zugedeckt in 8–10 Minuten gar kochen. Anschließend die Spargelstücke in ein Sieb abgießen und das Spargelwasser dabei auffangen, 125 ml (⅛ l) davon abmessen.

3 Von den Zuckerschoten die Enden abschneiden, die Schoten evtl. abfädeln, waschen, abtropfen lassen. Wasser mit Salz in einem Topf zum Kochen bringen und Zuckerschoten darin 3 Minuten blanchieren. Anschließend die Zuckerschoten mit kaltem Wasser übergießen und abtropfen lassen.

4 Putenbrustfilet unter fließendem kalten Wasser abspülen, trockentupfen und erst in dünne Scheiben, dann in Streifen schneiden. Öl in einer Pfanne erhitzen und die Fleischstreifen darin in etwa 4 Minuten scharf anbraten, mit Salz und Pfeffer würzen und aus der Pfanne nehmen.

5 Cocktailtomaten waschen, abtrocknen und halbieren. Von dem Friséesalat die äußeren welken Blätter entfernen. Den Salat waschen, trockenschleudern und in mundgerechte Stücke zupfen. Käse in Würfel schneiden.

6 Für das Dressing abgemessenes Spargelwasser mit Essig, Öl, Senf und Kräutern verrühren, mit Pfeffer abschmecken. Das Dressing mit den Salatzutaten vermischen und vor dem Servieren die Käsewürfel über den Salat streuen.

Beilage: Knuspriges Bauernbrot.

Garnelen-Gemüse-Salat

Gut vorzubereiten

250 g gegarte King Prawns ohne Schale (Riesengarnelen, TK oder Kühltheke)

Für die Sauce:
2 EL Limettensaft
Salz
frisch gemahlener Pfeffer
etwas Zucker
Chilipulver
5 EL Walnussöl

4 Fleischtomaten
2 mittelgroße gelbe Paprikaschoten (je 180 g)
2 Knoblauchzehen
1 Bund Frühlingszwiebeln

2–3 Korianderstängel
einige Limettenscheiben

Zubereitungszeit:
40 Minuten, ohne Auftauzeit

Pro Portion:
E: 12 g, F: 14 g, Kh: 16 g, kJ: 1009, kcal: 240

1 Riesengarnelen evtl. auftauen und den Darm entfernen. Garnelen abspülen und trockentupfen.

2 Für die Sauce Limettensaft mit Salz, Pfeffer, Zucker und Chili verrühren, Walnussöl unterschlagen, die Sauce evtl. nochmals mit den Gewürzen abschmecken. Garnelen unterheben und etwa 20 Minuten durchziehen lassen.

3 Tomaten waschen, abtropfen lassen, kreuzweise einschneiden, kurz in kochendes Wasser legen, mit kaltem Wasser übergießen und abtropfen lassen. Tomaten enthäuten, halbieren und die Stängelansätze herausschneiden. Tomaten würfeln.

4 Paprikaschoten halbieren, entstielen, entkernen und die weißen Scheidewände entfernen. Schoten waschen, abtropfen lassen und in kleine Würfel schneiden. Knoblauch abziehen und durch eine Knoblauchpresse geben. Frühlingszwiebeln putzen, waschen, abtropfen lassen und in feine Ringe schneiden.

5 Tomaten- und Paprikawürfel, Knoblauch und Frühlingszwiebelringe mit der Garnelensauce vermischen und den Salat evtl. nachwürzen.

6 Koriander abspülen, trockentupfen und die Blättchen von den Stängeln zupfen. Den Garnelen-Gemüse-Salat mit Limettenscheiben und Korianderblättchen garniert servieren.

Tipp: Dazu passt frisches Baguette oder Toast.

Sommersalat mit Joghurtsauce

Für Gäste

½ Kopf Blumenkohl
Wasser
1 gestr. TL Salz
1 kleiner fester Eisbergsalat
1 kleine Salatgurke
50 g Brunnenkresse
4 Tomaten

Für die Joghurtsauce:
150 g Naturjoghurt
3 EL Schlagsahne
2 EL Schmand
1 EL Sherryessig
2 EL Sherry (fino)
Salz
frisch gemahlener Pfeffer

Zubereitungszeit:
30 Minuten

Pro Portion:
E: 5 g, F: 7 g, Kh: 8 g,
kJ: 536, kcal: 128

1 Von dem Blumenkohl die Blätter und schlechten Stellen entfernen. Den Strunk herausschneiden und den Blumenkohl in kleine Röschen teilen. Röschen waschen und mit Wasser und Salz in einem Topf zum Kochen bringen, in etwa 5 Minuten bissfest garen, anschließend in einem Sieb abtropfen lassen.

2 Von dem Eisbergsalat die äußeren welken Blätter entfernen. Einige große Blätter vom Strunk lösen. Restlichen Salat halbieren und in Streifen schneiden. Salat waschen und gut abtropfen lassen.

3 Salatgurke waschen, abtrocknen und die Enden abschneiden, Gurke in feine Scheiben hobeln. Kresse abschneiden, abspülen und trockentupfen.

4 Tomaten waschen, abtrocknen, halbieren und die Stängelansätze entfernen. Tomaten in Scheiben schneiden.

5 Einen großen Teller mit den großen Eisbergsalatblättern belegen. Salatstreifen, Gurken- und Tomatenscheiben, Kresse und Blumenkohlröschen vorsichtig miteinander vermischen und auf den Salatblättern anrichten.

6 Für die Joghurtsauce Joghurt mit Sahne, Schmand, Essig und Sherry verrühren, mit Salz und Pfeffer abschmecken und über den Salat gießen.

Tipp: Probieren Sie den Sommersalat statt mit der Joghurtsauce mit einer **Roquefortsauce**. Zerdrücken Sie dazu etwa 75 g Roquefort-Käse mit einer Gabel. Verrühren Sie diesen mit 4 Esslöffeln Schlagsahne, 2 Esslöffeln Crème fraîche, 1 Esslöffel Sherryessig und 1 Esslöffel Sherry (medium). Schmecken Sie die Sauce mit Salz und Pfeffer ab.

Viktoriabarsch-Paprika-Salat

Raffiniert

Für die Reismischung:

Wasser
1 gestr. TL Salz
150 g Reis-Wildreis-Mischung

375 ml (³/₈ l) Wasser
1 gestr. TL Salz
frisch gemahlener Pfeffer
1–2 EL Zitronensaft
800 g Viktoriabarschfilet
1 Beutel gemischte
Paprikaschoten (500 g)
350 g Austernpilze oder
Shiitake-Pilze
4 EL Speiseöl
Salz

Für die Salatsauce:

100 ml Fischfond
3–4 EL Zitronensaft
Salz
frisch gemahlener Pfeffer
1 Prise Zucker
6–7 EL Olivenöl

Zubereitungszeit:

60 Minuten, ohne
Abkühl- und Durchziehzeit

Pro Portion:

E: 43 g, F: 29 g, Kh: 37 g,
kJ: 2391, kcal: 570

1 Für die Reismischung Wasser mit Salz und Reis zum Kochen bringen und den Reis nach Packungsanleitung gar kochen, Reis gelegentlich umrühren. Den Reis in ein Sieb geben, mit kaltem Wasser abspülen und abtropfen lassen.

2 Wasser mit Salz, Pfeffer und Zitronensaft in einem Topf zum Kochen bringen. Viktoriabarschfilet unter fließendem kalten Wasser abspülen, in das Zitronenwasser geben, zum Kochen bringen und den Fisch bei schwacher Hitze in etwa 6 Minuten gar ziehen lassen.

3 Den garen Fisch abtropfen lassen, dabei den Fond auffangen und 100 ml davon für die Salatsauce abmessen. Den Fisch etwas abkühlen lassen und in mundgerechte Stücke teilen.

4 Paprikaschoten vierteln, entstielen, entkernen und die weißen Scheidewände entfernen. Schoten waschen, abtropfen lassen und in feine Streifen schneiden. Pilze putzen, mit Küchenpapier abreiben, evtl. abspülen, trockentupfen und in breite Streifen schneiden.

5 Speiseöl in einer Pfanne erhitzen, die Pilzstreifen darin 3–5 Minuten anbraten, mit Salz und Pfeffer würzen und abkühlen lassen.

6 Für die Salatsauce den abgemessenen Fischfond mit Zitronensaft, Salz, Pfeffer und Zucker verrühren. Öl unterschlagen, evtl. nochmals mit den Gewürzen abschmecken. Die Sauce mit den Salatzutaten vorsichtig mischen und den Salat etwas durchziehen lassen.

7 Den Salat vor dem Servieren evtl. nochmals mit den Gewürzen abschmecken.

Tipp: Den Salat mit Basilikumblättchen garnieren.

Erfrischender Melonensalat

Mit Alkohol – Foto

Für den Salat:

½ Cantaloupe-Melone
(etwa 600 g)
½ Galia-Melone (etwa 600 g)
¼ Wassermelone
(etwa 800 g)

Für das Salatdressing:

4 EL Orangensaft, 2 EL Zitronensaft, 2 EL weißer Portwein
1–2 TL brauner Zucker

400 g Gouda-Käse
Zitronenmelisseblättchen

Zubereitungszeit:

25 Minuten

Pro Portion:
E: 27 g, F: 26 g, Kh: 22 g,
kJ: 1854, kcal: 442

1 Cantaloupe- und Galia-Melone entkernen, jeweils 8 bzw. 12 sehr dünne Spalten abschneiden und zum Garnieren beiseite stellen. Von den restlichen Melonen das Fruchtfleisch in mundgerechte Stücke schneiden. Dabei die Kerne der Wassermelone ebenfalls entfernen.

2 Für das Salatdressing Orangensaft mit Zitronensaft, Portwein und Zucker verrühren. Die Melonenstücke mit dem Dressing übergießen.

3 Käse evtl. entrinden, in etwa 1 cm große Würfel schneiden. Käsewürfel unter die Melonenstücke mischen.

4 Dünne Melonenspalten dekorativ auf 4 Teller legen und den Salat darauf verteilen. Zitronenmelisseblättchen abspülen, trockentupfen, den Salat damit garnieren und sofort servieren.

Tipp: Sie können den Portwein auch durch 2 zusätzliche Esslöffel Orangensaft ersetzen.

Mango-Eisberg-Salat

Für Gäste

1 kleiner Kopf Eisbergsalat
2 reife Mangos (je etwa 300 g)
200 g gekochter Schinken
in Scheiben
4 hartgekochte Eier
1 Bund Radieschen

Für die Salatsauce:

1 Becher (150 g)
Crème fraîche
5 EL Milch
1–2 EL Zitronensaft
Salz, weißer Pfeffer

1 Vom Eisbergsalat die äußeren Blätter entfernen, die übrigen vom Strunk lösen. Salat waschen, gut abtropfen lassen oder trockenschleudern. Salatblätter in mundgerechte Stücke zupfen.

2 Mangos halbieren und jeweils den Stein herauslösen. Mangohälften schälen. Die Hälfte des Fruchtfleisches in Scheiben, die andere Hälfte in kleine Stücke schneiden. Mangoscheiben zum Garnieren beiseite legen.

3 Schinkenscheiben in Stücke schneiden. Eier pellen und in Scheiben schneiden. Von den Radieschen das Grün und die Wurzel-

(Fortsetzung Seite 38)

Paprikapulver edelsüß
1 Prise Zucker
1–2 EL gemischte gehackte
Kräuter, z. B. Petersilie,
Estragon, Schnittlauch, Kresse

Zubereitungszeit:

35 Minuten

Pro Portion:

E: 21 g, F: 21 g, Kh: 18 g,
kJ: 1447, kcal: 348

enden abschneiden. Radieschen waschen, gut abtropfen lassen und ebenfalls in Scheiben schneiden.

4 Salat-, Mango- und Schinkenstücke mit den Eier- und Radieschenscheiben vermischen und auf eine große Platte geben.

5 Für die Salatsauce Crème fraîche mit Milch und Zitronensaft verrühren, mit Salz, Pfeffer, Paprika und Zucker abschmecken. Kräuter unterrühren.

6 Salatsauce auf den Salat geben und mit den beiseite gelegten Mangoscheiben garnieren.

Gemischter Salatteller

Für Gäste – Vegetarisch

Für den Salat:

500 g grüner Spargel
250 ml (¹/₄ l) Wasser
1 gestr. TL Salz
1 Prise Zucker
1 kleiner Kopfsalat
4 mittelgroße Tomaten
200 g junger Gouda-Käse
100 g blaue Weintrauben

Für das Salatdressing:

2 Schalotten
2 EL Rotweinessig
1 TL süßer Senf
Salz, frisch gemahlener Pfeffer
5 EL Olivenöl

1 Pck. Kresse

Zubereitungszeit:

etwa 30 Minuten

Pro Portion:

E: 17 g, F: 26 g, Kh: 9 g,
kJ: 1420 , kcal: 339

1 Für den Salat vom grünen Spargel das untere Drittel schälen. Die unteren Enden abschneiden. Spargel waschen und abtropfen lassen. Wasser mit Salz und Zucker in einem Topf zum Kochen bringen. Spargel hinzufügen, zum Kochen bringen und zugedeckt in etwa 8 Minuten bissfest kochen. Spargel in einem Sieb abtropfen lassen.

2 Von dem Salat die äußeren welken Blätter entfernen. Salat vierteln, waschen und gut abtropfen lassen. Tomaten waschen, abtrocknen, halbieren und Stängelansätze herausschneiden. Tomaten achteln. Käse in mundgerechte Würfel schneiden. Weintrauben waschen, abtrocknen und halbieren.

3 Käsewürfel mit den Weintrauben vermischen und mit Spargel, Tomatenachteln und Salatvierteln auf einer großen Platte anrichten.

4 Für das Salatdressing Schalotten abziehen und fein würfeln. Essig mit Senf und Schalottenwürfeln verrühren, mit Salz und Pfeffer abschmecken, Öl unterschlagen. Den Salat mit dem Salatdressing beträufeln.

5 Zum Garnieren Kresse abspülen, abschneiden und trockentupfen. Den Salat mit der Kresse garniert servieren.

Kräutersalat mit Lammfilet

Raffiniert – Foto

1 Pck. Kresse, 160 g Feldsalat
160 g Rucola (Rauke)
160 g junger Blattspinat
160 g Löwenzahnsalat
160 g Lollo biondo

Für das Salatdressing:
1 Knoblauchzehe
4 EL Balsamico-Essig
1 EL mittelscharfer Senf
Salz, frisch gemahlener Pfeffer
8 EL Olivenöl

400 g Lammfilet
4 EL Olivenöl

Zum Garnieren:
essbare Kapuzinerkresseblüten

Zubereitungszeit:
40 Minuten

Pro Portion:
E: 25 g, F: 27 g, Kh: 5 g,
kJ: 1510, kcal: 360

1 Kresse abspülen, abschneiden und trockentupfen. Von dem Feldsalat die Wurzelenden abschneiden und schlechte Blätter entfernen. Rucola und Spinatblätter verlesen, evtl. dicke Stängel entfernen. Von den Salaten die äußeren welken Blätter entfernen. Alle Salate waschen, trockentupfen bzw. trockenschleudern und in mundgerechte Stücke zupfen.

2 Für das Salatdressing Knoblauch abziehen und durch eine Knoblauchpresse drücken. Essig mit Senf und Knoblauch verrühren, mit Salz und Pfeffer abschmecken. Öl unterschlagen.

3 Lammfilet unter fließendem kalten Wasser abspülen, trockentupfen und in etwa 2 cm große Würfel schneiden. Olivenöl in einer Pfanne erhitzen. Die Filetwürfel von allen Seiten darin anbraten und unter gelegentlichem Rühren 4–5 Minuten braten, mit Salz und Pfeffer würzen.

4 Salate auf 4 Tellern oder flachen Schüsseln anrichten, mit dem Salatdressing beträufeln und die warmen Filetstücke dazureichen. Zum Garnieren Kresseblüten auf den Salat setzen.

Tipp: Das Lammfilet können Sie auch durch Schweine- oder Rinderfilet ersetzen, den Löwenzahnsalat durch Friséesalat.

Frühsommerlicher Blattsalat

Einfach – Titelfoto

2 Hähnchenbrustfilets
(je etwa 180 g)
3 EL Sojasauce
1 TL flüssiger Honig
Salz, frisch gemahlener Pfeffer

2 Möhren, 2 Frühlingszwiebeln
125 g Cocktailtomaten
400 g verschiedene Salate,
z.B. Frisée, Rucola

1 Hähnchenbrustfilets unter fließendem kalten Wasser abspülen, trockentupfen und in mundgerechte Stücke schneiden. Sojasauce mit dem Honig verrühren. Sauce, mit den Hähnchenstücken vermischen, mit Salz und Pfeffer würzen und zugedeckt im Kühlschrank 20–30 Minuten marinieren.

2 Möhren putzen, schälen, waschen, abtropfen lassen und zuerst längs in dünne Scheiben dann kleine Stifte schneiden. Frühlingszwiebeln putzen, waschen, abtropfen lassen und in dünne

(Fortsetzung Seite 42)

(Fortsetzung von Seite 42 der Text oben)

2 EL Weißweinessig

Salz, frisch gemahlener Pfeffer

Zucker

1 EL gemischte gehackte
Kräuter(z. B. Petersilie,
Kerbel, Schnittlauch)

4–5 EL Olivenöl

2 EL Speiseöl, z. B. Olivenöl

Zubereitungszeit:

40 Minuten

Pro Portion:

E: 23 g, F: 14 g, Kh: 7 g,
kJ: 1024, kcal: 245

Scheiben schneiden. Cocktailtomaten waschen, abtrocknen, halbieren und die Stängelansätze herausschneiden.

3 Von den Salatsorten die äußeren welken Blätter entfernen bzw. Rucola verlesen und dicke Stängel abschneiden. Salate gründlich waschen, trockentupfen bzw. trockenschleudern und in mundgerechte Stücke zupfen.

4 Für das Salatdressing Essig mit Salz, Pfeffer, Zucker und Kräutern verrühren. Öl unterschlagen. Möhrenstifte mit Frühlingszwiebelringen, Tomatenhälften, Salaten und dem Salatdressing mischen.

5 Speiseöl in einer großen Pfanne erhitzen. Hähnchenstücke darin unter Rühren etwa 5 Minuten braten, mit Salz und Pfeffer würzen und auf den Salat geben.

Kartoffel-Käse-Salat

Vegetarisch

750 g fest kochende Kartoffeln

2 Zwiebeln

2 EL Weißweinessig

250 ml (¼ l) Gemüsebrühe

Wasser

1 gestr. TL Salz

150 g TK-Erbsen

1 Bund Radieschen

200 g Emmentaler-Käse

einige große Kopfsalatblätter

Für die Salatsauce:

75 g Salatcreme

150 g Magermilchjoghurt

1 TL scharfer Senf

½ gestr. TL Currypulver

Salz, frisch gemahlener Pfeffer

1 Prise Zucker

einige Petersilienstängel

1 Kartoffeln gründlich waschen. Kartoffeln mit Wasser in einem Topf zum Kochen bringen und in 20–25 Minuten gar kochen. Kartoffeln abgießen, pellen und in Scheiben schneiden.

2 Zwiebeln abziehen und würfeln. Essig mit Gemüsebrühe in einem Topf kurz aufkochen lassen und die Kartoffeln damit übergießen. Etwa 30 Minuten durchziehen lassen.

3 Wasser mit Salz in einem Topf zum Kochen bringen und die Erbsen darin etwa 2 Minuten blanchieren. Anschließend die Erbsen in ein Sieb geben, mit kaltem Wasser abspülen und abtropfen lassen.

4 Radieschen putzen, waschen, abtropfen lassen und in feine Streifen schneiden. Käse in Stifte schneiden. Kopfsalatblätter waschen und trockentupfen.

(Fortsetzung Seite 44)

5 Für die Salatsauce Salatcreme mit Joghurt, Senf und Curry verrühren, mit Salz, Pfeffer und Zucker würzen. Petersilie abspülen und trockentupfen.

6 Kartoffeln mit Erbsen und Radieschen vermischen und auf den Kopfsalatblättern anrichten. Salatsauce auf den Salat gießen und Käsestifte darauf streuen. Mit den Petersilienstängeln garniert servieren.

Zubereitungszeit:

45 Minuten,
ohne Durchziehzeit

Pro Portion:
E: 23 g, F: 21 g, Kh: 36 g,
kJ: 1821, kcal: 435

Bunter Sommersalat

Einfach – Für Gäste

8 Tomaten
200 g Rucola (Rauke)
1 Topf Schnittlauch
2 Dosen Artischockenherzen
(Abtropfgewicht je 210 g)
200 g Parmesan-Käse
40 g Pinienkerne

Für die Salatsauce:

1 Knoblauchzehe
3 EL Kräuteressig
Salz
frisch gemahlener Pfeffer
8 EL Olivenöl

2 Hähnchenbrustfilets
(je etwa 120 g)
2 EL Olivenöl

Zubereitungszeit:
50 Minuten

Pro Portion:
E: 38 g, F: 45 g, Kh: 8 g,
kJ: 2444, kcal: 583

1 Tomaten waschen, abtrocknen, vierteln und die Stängelansätze herausschneiden. Rucola verlesen und dicke Stängel herausschneiden. Rucola waschen, trockentupfen oder -schleudern und in mundgerechte Stücke zupfen. Schnittlauch kalt abspülen, trockentupfen und in kleine Röllchen schneiden.

2 Artischockenherzen in einem Sieb abtropfen lassen und halbieren oder vierteln. Parmesan-Käse in dünne Scheiben hobeln. Pinienkerne in einer Pfanne ohne Fett hellbraun rösten.

3 Für die Salatsauce Knoblauchzehe abziehen und in kleine Würfel schneiden. Essig mit Knoblauch verrühren, mit Salz und Pfeffer abschmecken. Olivenöl unterschlagen.

4 Hähnchenbrustfilets unter fließendem kalten Wasser abspülen, trockentupfen und mit Pfeffer und Salz würzen. Öl in einer Pfanne erhitzen. Hähnchenbrustfilets darin gut anbraten und in etwa 10 Minuten fertig braten.

5 Tomatenviertel mit Rucola und Artischockenherzen vermischen und mit der Salatsauce vermengen. Hähnchenbrustfilets in Scheiben schneiden und mit dem Käse zu dem Salat geben. Salat mit Pinienkernen und Schnittlauchröllchen bestreut servieren.

Beilage: Vollkornbaguette.

California-Salat

Raffiniert

300 g verschiedene
Blattsalate, z. B. Frisée,
Lollo rosso, Rucola, Feldsalat
200 g junges zartes Gemüse,
z. B. Zuckerschoten,
grüner Spargel, Möhren
250 ml (¼ l) Wasser
1 gestr. TL Salz
200 g frische Früchte,
z. B. Erdbeeren, Himbeeren,
Tamarillo, Melonenspalten,
Orangen

Für das Dressing:

1 Frühlingszwiebel
1 TL Sesamöl
3 EL Olivenöl
1 EL Himbeeressig
1 EL Sherry-Essig
Salz
1 Prise Zucker
frisch gemahlener Pfeffer
küchenfertig vorbereitete
Basilikum-, Kerbel- und
Estragonblättchen

Zubereitungszeit:

60 Minuten

Pro Portion:

E: 2 g, F: 9 g, Kh: 8 g,
kJ: 512, kcal: 122

1 Von den Salaten die äußeren welken Blätter entfernen. Vom Rucola dicke Stängel, vom Feldsalat die Wurzelenden abschneiden. Salate waschen und gut trockenschleudern oder trockentupfen. Salatblätter in mundgerechte Stücke zupfen.

2 Von den Zuckerschoten die Enden abschneiden, Schoten evtl. abfädeln. Vom grünen Spargel das untere Drittel schälen und die unteren Enden abschneiden. Spargelstangen in etwa 3 cm lange Stücke schneiden. Möhren putzen, schälen und in Stifte schneiden. Gemüse waschen und abtropfen lassen.

3 Wasser mit Salz in einem Topf zum Kochen bringen und das Gemüse nacheinander darin blanchieren. Anschließend in ein Sieb geben und mit kaltem Wasser übergießen und das Gemüse gut abtropfen lassen.

4 Erdbeeren und Himbeeren verlesen, abspülen und abtropfen lassen. Erdbeeren entstielen. Tamarillo dünn schälen, den Stielansatz herausschneiden und in Spalten schneiden. Das Fruchtfleisch der Melonenspalten in Würfel schneiden. Orangen so schälen, dass die weiße Haut mit entfernt wird und mit einem scharfen Messer die Filets herausschneiden.

5 Für das Dressing Frühlingszwiebel putzen, waschen, in feine Ringe schneiden. Die verschiedenen Essigsorten mit Salz, Zucker und Pfeffer verrühren. Ölsorten unterschlagen.

6 Das Dressing mit dem Gemüse vermischen und etwa 5 Minuten durchziehen lassen. Mariniertes Gemüse mit den Salaten vermischen. Obst und Kräuterblättchen vorsichtig unterheben.

Tipp: Servieren Sie den Salat mit Fisch und Pinienkernen. Dazu benötigen Sie: 100 g Lachsfilet, 100 g Red-Snapper-Filet, 8 Garnelen (entdarmt und ohne Schale), Salz, Pfeffer, etwa 2 EL Olivenöl und 2 EL geröstete Pinienkerne. Spülen Sie das Fischfilet und die Garnelen unter fließendem kalten Wasser ab, tupfen Sie sie trocken. Schneiden Sie das Fischfilet in kleine Stücke und bestreuen Sie die Fischstücke und Garnelen mit Salz und Pfeffer. Erhitzen Sie das Olivenöl in einer Pfanne und braten Sie darin die Fischstücke und die Garnelen. Servieren Sie die Fischstücke und Garnelen noch heiß zum Salat. Bestreuen Sie den Salat mit den Pinienkernen.

Porreesalat mit Ziegenkäse

Gut vorzubereiten – Vegetarisch

Für den Salat:

500 g Porree (Lauch)
Wasser
1 gestr. TL Salz
300 g Cocktailtomaten
200 g Ziegenkäse, in Scheiben
Salz
grob gemahlener Pfeffer

Für das Dressing:

2 Knoblauchzehen
6 EL Zitronensaft
2–3 EL Wasser
3 EL Olivenöl
1 Prise Salz

Zum Bestreuen:

1 Pck. Radieschenkresse
oder Kresse

Für die Beilage:

5–6 EL Olivenöl
etwa 8 Baguettescheiben

Zubereitungszeit:

30 Minuten, ohne Abkühlzeit

Pro Portion:

E: 14 g, F: 33 g, Kh: 27 g,
kJ: 1925 , kcal: 461

1 Für den Salat von dem Porree die Außenblätter entfernen, Wurzelenden und dunkles Grün abschneiden. Porreestangen der Länge nach halbieren, gründlich waschen, abtropfen lassen und in schräge Stücke schneiden.

2 Wasser mit Salz in einem Topf zum Kochen bringen, Porreestücke darin 2–3 Minuten blanchieren. Dann die Porreestücke in ein Sieb geben, mit kaltem Wasser übergießen, abtropfen und abkühlen lassen.

3 Cocktailtomaten waschen, abtrocknen, halbieren und die Stängelansätze entfernen. Ziegenkäse in mundgerechte Stücke schneiden.

4 Porreestücke, Cocktailtomaten und Käsestücke vermischen und mit Pfeffer bestreuen.

5 Für das Dressing Knoblauch abziehen und durch eine Knoblauchpresse drücken. Knoblauch mit Zitronensaft, Wasser und Salz verrühren. Olivenöl unterschlagen und das Dressing über den Salat gießen.

6 Kresse abspülen, abschneiden, trockentupfen und den Salat damit bestreuen.

7 Für die Beilage Olivenöl in einer Pfanne erhitzen und die Baguettescheiben darin von beiden Seiten rösten. Geröstete Baguettescheiben warm zum Salat servieren.

Feiner Obstsalat

Klassisch – Foto

3 mittelgroße Äpfel
1 Mango, 4 Nektarinen
4 Kiwis, 2 Orangen
250 g Erdbeeren
3–4 EL Zitronensaft
4 EL Orangensaft
50 g Zucker
50 g abgezogene,
gehobelte Mandeln

Zubereitungszeit:
40 Minuten

Pro Portion:
E: 6 g, F: 8 g, Kh: 61 g,
kJ: 1543, kcal: 369

1 Äpfel schälen, vierteln und entkernen. Mango halbieren, das Fruchtfleisch vom Stein lösen und schälen. Nektarinen waschen, abtrocknen, halbieren und entsteinen. Kiwis schälen. Das Obst in Spalten schneiden.

2 Orangen so schälen, dass die weiße Haut mit entfernt wird. Orangenfilets herausschneiden. Erdbeeren waschen, gut abtropfen lassen, entstielen und in Stücke schneiden. Obstspalten, -stücke und -filets vorsichtig miteinander vermischen.

3 Zitronensaft mit Orangensaft und Zucker verrühren und unter das Obst mischen. Mandeln in einer Pfanne ohne Fett rösten und den Obstsalat damit bestreuen.

Tipp: Dazu schmeckt Schlagsahne (nach Belieben mit Eierlikör abgeschmeckt) oder Vanillesauce. Die Zutaten für den Obstsalat können natürlich variieren und sollten der Saison angepasst sein.

Exotischer Obstsalat

Raffiniert

1 Papaya (etwa 350 g)
1 Baby-Ananas, 2 Kiwis
1/2 Galiamelone, 1 rosa
Grapefruit, 1 Granatapfel
1 EL Zucker

1 Becher (150 g) Crème
fraîche, 2–3 EL Milch, 1 EL
Zucker, Saft von 1 Zitrone
1 EL gehackte Zitronenmelisse

Zubereitungszeit:
30 Minuten, ohne Kühlzeit

Pro Portion:
E: 4 g, F: 12 g, Kh: 45 g,
kJ: 1339, kcal: 321

1 Papaya längs halbieren, die Kerne mit einem Teelöffel herauslösen, die Schale vom Fruchfleisch schälen und das Fruchtfleisch in kleine Stücke schneiden. Von der Ananas Schopf mit Stielansatz und dem obersten Stück Schale abschneiden, die Frucht der Länge nach halbieren und vierteln. Evtl. von jedem Viertel den inneren Strunk entfernen, die Frucht mit einem Messer schälen und in kleine Stücke schneiden.

2 Kiwis schälen. Melone entkernen. Kiwi- und Melonenfruchtfleisch klein schneiden. Grapefruit so schälen, dass die weiße Haut vollständig entfernt wird. Fruchtfilets herausschneiden und halbieren. Granatapfel quer halbieren, Kerne herauslösen. Alle Obstsorten mit dem Zucker vermengen und zugedeckt etwa 1 Stunde kühl stellen.

3 Für die Zitronensauce Crème fraîche mit Milch, Zucker, Zitronensaft und -melisse verrühren. Sauce zum Obstsalat servieren.

Aufschnitt in Radieschen-Vinaigrette

Einfach – Schnell

Für die Vinaigrette:

1 Bund Radieschen
(etwa 200 g)
2 Pck. Gartenkresse
1 EL mittelscharfer Senf
3 EL milder Weißweinessig
8 EL Olivenöl
Salz
frisch gemahlener Pfeffer

1 Bund Schnittlauch
250 g Rinderbratenaufschnitt
250 g Schweinebraten-
aufschnitt

Zubereitungszeit:

30 Minuten

Pro Portion:
E: 36 g, F: 32 g, Kh: 1 g,
kJ: 1841, kcal: 439

1 Für die Vinaigrette von den Radieschen Grün und Wurzelenden, Spitzen und schlechte Stellen abschneiden. Radieschen waschen, abtropfen lassen, fein hacken und in eine Schüssel geben.

2 Kresse abspülen, abschneiden und trockentupfen. Senf mit Weißweinessig und Kresse verrühren, Olivenöl unterschlagen und unter die gehackten Radieschen rühren. Vinaigrette mit Salz und Pfeffer abschmecken.

3 Schnittlauch kalt abspülen, trockentupfen und in kleine Röllchen schneiden.

4 Bratenaufschnitt auf einer großen Platte anrichten und mit der Radieschen-Vinaigrette beträufeln. Schnittlauchröllchen darauf streuen.

Tipp: Statt Rinder- und Schweinebratenaufschnitt eignet sich auch Kalb- oder Geflügelfleischaufschnitt.

Beilage: Vollkornbaguette.

Sommerliches Butterbrot

Vegetarisch – Foto

2 Kopfsalatherzen
½ Kopf Lollo Rossa
100 g Rucola (Rauke)
1 Bund Radieschen
1 Topf Petersilie oder Kerbel
1 Topf Schnittlauch

Für die Vinaigrette:

1 TL mittelscharfer Senf
2 EL Essig, z. B. Sherry-Essig
Salz, Pfeffer, 4 EL Olivenöl

100 g Butter
4 dickere Scheiben Mischbrot
100 g gehobelter
Parmesan-Käse

Zubereitungszeit:

40 Minuten

Pro Portion:
E: 15 g, F: 40 g, Kh: 31 g,
kJ: 2284, kcal: 546

1 Von den Kopfsalatherzen und dem Lollo Rossa die äußeren welken Blätter entfernen. Rucola verlesen, dicke Stängel entfernen. Salatblätter waschen, trockentupfen oder trockenschleudern und in mundgerechte Stücke zupfen.

2 Von den Radieschen die Wurzelenden und das Grün entfernen. Radieschen waschen, gut abtropfen lassen und in dünne Scheiben schneiden.

3 Petersilie oder Kerbel und Schnittlauch abspülen und trockentupfen. Blättchen von den Stängeln zupfen und den Schnittlauch in kleine Röllchen schneiden.

4 Für die Vinaigrette Senf mit Essig, Salz und Pfeffer verrühren, Öl unterschlagen. Vorbereitete Salatblätter und Radieschenscheiben mit der Vinaigrette vermischen.

5 Butter in einer großen flachen Pfanne zerlassen und die Brotscheiben darin von beiden Seiten rösten.

6 Jede Butterbrotscheibe mit Salat belegen. Gehobelten Käse und Petersilien- oder Kerbelblättchen und Schnittlauchröllchen darauf streuen und sofort servieren.

Schinken-Wraps

Einfach

(8 Stück)

je 1 rote und gelbe
Paprikaschote (je 200 g)
250 g Rucola (Rauke)
1 Kästchen Kresse
8 Weizentortillas

1 Paprikaschoten halbieren, entstielen, entkernen, die weißen Scheidewände entfernen, die Schoten waschen und in Streifen schneiden. Rucola verlesen, dicke Stängel abschneiden, Rucola waschen und trockenschleudern. Kresse abspülen und trockentupfen.

2 Tortillas nach Packungsanleitung im Backofen oder nacheinander in einer Pfanne ohne Fett beidseitig kurz erwärmen.

(Fortsetzung Seite 56)

Für die Sauce:

2 Becher (je 150 g)
Crème légère
2–3 EL Ajvar (Paprikazu-
bereitung aus dem Glas)
Salz, frisch gemahlener Pfeffer
Zucker
250 g gekochter Schinken
in Scheiben

Zubereitungszeit:

etwa 40 Minuten

Pro Stück:
E: 13 g, F: 10 g, Kh: 24 g,
kJ: 972, kcal: 232

3 Für die Sauce Crème légère mit Ajvar verrühren und mit Salz, Pfeffer und Zucker würzen. Tortillas mit der Hälfte der Sauce bestreichen und Rucola und Kresse darauf verteilen. Je 1–2 Schinkenscheiben darauf legen, die Paprikastreifen darüber streuen und die restliche Sauce darauf verteilen.

4 Die Tortillas fest aufrollen, sofort servieren oder kurz kalt stellen.

Tipp: Halbieren Sie die aufgerollten Tortillas und stellen Sie die Tortillas zum Servieren in niedrige Gläser oder umwickeln Sie das untere Ende fest mit einer Serviette.

Farmerkartoffeln

Einfach

12 große Kartoffeln
Salz
frisch gemahlener Pfeffer
6 EL Olivenöl
200 g geriebener Käse,
z. B. Emmentaler-Käse
1 TL Paprikapulver edelsüß
24 Scheiben Frühstücksspeck
(Bacon)
1 EL Kümmelsamen

Zum Garnieren:
einige Petersilienstängel

Zubereitungszeit:
25 Minuten und
etwa 45 Minuten Garzeit

Pro Portion:
E: 33 g, F: 35 g, Kh: 69 g,
kJ: 3064, kcal: 731

1 Kartoffeln gründlich waschen, evtl. bürsten, trockentupfen und längs vierteln. Die Kartoffelviertel auf ein Backblech legen, mit Salz und Pfeffer würzen und mit Öl beträufeln. Das Backblech in den Backofen schieben.

Ober-/Unterhitze: etwa 200 °C (vorgeheizt)
Heißluft: etwa 180 °C (nicht vorgeheizt)
Gas: Stufe 3–4 (nicht vorgeheizt)
Garzeit: etwa 45 Minuten.

2 In der Zwischenzeit Käse und Paprika vermischen. Baconscheiben der Länge nach teilen. Etwa 15 Minuten vor Beendigung der Backzeit die Käse-Paprika-Mischung auf die Kartoffeln geben und mit Kümmel bestreuen. Die Baconscheiben auf die Kartoffelviertel legen und die Kartoffeln fertig garen.

3 Zum Garnieren Petersilie abspülen und trockentupfen. Die Blättchen von den Stängeln zupfen. Kartoffeln mit den Petersilienblättchen garnieren.

Tipp: Die Farmerkartoffeln zu gegrilltem Fleisch mit verschiedenen Dips servieren.

Gebackenes Frühlingsgemüse

Für Kinder – Foto

400 g Zuckerschoten
500 g Möhren
2 Kohlrabi (je 200 g)
60 g Butter
Wasser
Salz
frisch gemahlener Pfeffer
150 g Schnittkäse
mit Kräutern

Zubereitungszeit:

40 Minuten und
etwa 10 Minuten Backzeit

Pro Portion:

E: 16 g, F: 24 g, Kh: 17 g,
kJ: 1443, kcal: 344

1 Von den Zuckerschoten die Enden abschneiden. Die Schoten evtl. abfädeln, waschen und abtropfen lassen. Möhren putzen, schälen, waschen, abtropfen lassen und in schräge Scheiben schneiden. Kohlrabi schälen, waschen, abtropfen lassen, vierteln und in Scheiben schneiden.

2 Möhren- und Kohlrabischeiben nacheinander in zerlassener Butter etwa 4 Minuten dünsten. Wasser zum Kochen bringen und die Zuckerschoten darin etwa 3 Minuten kochen. Anschließend in ein Sieb geben, mit kaltem Wasser übergießen und abtropfen lassen.

3 Gemüse mit Salz und Pfeffer würzen und abwechselnd dachziegelartig in eine flache Auflaufform schichten. Käsescheiben in kleine Rauten schneiden und das Gemüse damit belegen. Die Form auf dem Rost in den Backofen schieben.

Ober-/Unterhitze: etwa 200 °C (vorgeheizt)
Heißluft: etwa 180 °C (vorgeheizt)
Gas: Stufe 3–4 (vorgeheizt)
Backzeit: etwa 10 Minuten.

Tipp: Dazu schmecken neue Kartoffeln besonders gut. Das Gemüse kann auch unter dem vorgeheizten Grill überbacken werden, bis der Käse schmilzt.

Tomaten mit Kräuterbröseln

Vegetarisch

4 Fleischtomaten
4 Vollkorn-Zwiebäcke
100 g geriebener mittelalter
Gouda-Käse
je 1 EL gehackte
Petersilie und Basilikum
1 EL Schnittlauchröllchen
Salz
frisch gemahlener Pfeffer

1 Tomaten waschen, abtrocknen und quer halbieren. Tomatenhälften mit einem Teelöffel aushöhlen. Die Kerne vom Fruchtfleisch entfernen und das Fruchtfleisch klein schneiden.

2 Zwiebäcke in einen Gefrierbeutel geben, diesen fest verschließen und Zwiebäcke mit einer Teigrolle zerbröseln. Tomatenfruchtfleisch mit Zwiebackbröseln, Käse und Kräutern verrühren. Mit Salz und Pfeffer abschmecken und in die Tomatenhälften füllen.

(Fortsetzung Seite 60)

Zubereitungszeit:

30 Minuten und
etwa 10 Minuten Backzeit

Pro Portion:
E: 9 g, F: 7 g, Kh: 11 g,
kJ: 617, kcal: 146

3 Tomaten auf ein Backblech (mit Backpapier belegt) setzen und das Backblech in den Backofen schieben.

Ober-/Unterhitze: etwa 200 °C (vorgeheizt)
Heißluft: etwa 180 °C (vorgeheizt)
Gas: Stufe 3–4 (vorgeheizt)
Backzeit: etwa 10 Minuten.

Überbackene herzhafte Rösti

Schnell

4 Tomaten
200 g kleine Champignons
2 Zwiebeln
1 Bund Petersilie

2 EL Speiseöl, z. B. Olivenöl
1 Beutel (1kg) TK-Rösti
4 Scheiben junger Gouda-Käse
Salz
frisch gemahlener Pfeffer

2 EL Speiseöl, z. B. Olivenöl

Zubereitungszeit:

35 Minuten und
etwa 5 Minuten Backzeit

Pro Portion:
E: 16 g, F: 39 g, Kh: 66 g,
kJ: 2836, kcal: 677

1 Tomaten waschen, abtrocknen, halbieren und die Stängelansätze herausschneiden. Tomaten in Scheiben schneiden. Champignons putzen, mit Küchenpapier abreiben, evtl. abspülen und ebenfalls in Scheiben schneiden. Zwiebeln abziehen und in Würfel schneiden.

2 Petersilie abspülen und trockentupfen. 4 Stängel zum Garnieren beiseite legen. Von der restlichen Petersilie die Blättchen von den Stängeln zupfen und die Blättchen fein schneiden.

3 Öl in einer großen Pfanne erhitzen und die Rösti darin portionsweise von beiden Seiten nach Packungsanleitung braten. Gebratene Rösti in Dreiergruppen auf ein Backblech legen, mit Salz und Pfeffer bestreuen.

4 Rösti zuerst mit Tomatenscheiben, dann mit den Käsescheiben belegen und nach Belieben nochmals mit Pfeffer bestreuen. Das Backblech in den Backofen schieben.

Ober-/Unterhitze: 180–200 °C (vorgeheizt)
Heißluft: 160–180 °C (vorgeheizt)
Gas: etwa Stufe 3 (vorgeheizt)
Backzeit: etwa 5 Minuten.

5 Öl in einer Pfanne erhitzen, die Zwiebelwürfel darin anbraten. Champignonscheiben hinzufügen und unter Rühren bei mittlerer Hitze anbraten, mit Salz und Pfeffer würzen.

6 Die überbackenen Rösti mit den gebratenen Champignons anrichten, mit der Petersilie bestreuen und den beiseite gelegten Petersilienstängeln garnieren.

Zucchini- und Auberginenröllchen

Gut vorzubereiten

(etwa 20 Stück)

2 mittelgroße Auberginen
2 mittelgroße Zucchini
Salz
1–2 Knoblauchzehen
125 ml (1/8 l) Olivenöl
frisch gemahlener Pfeffer
150 g Feta-Käse

Für die Tomatensauce:
1 Zwiebel
1 Knoblauchzehe
2 EL Olivenöl
2 Dosen stückige Tomaten
(je 400 g)
Salz
frisch gemahlener Pfeffer
Zucker

Für den Belag:
125 g Mozzarella-Käse
2 mittelgroße Tomaten

Zum Garnieren:
einige Petersilienstängel

Zubereitungszeit:
50 Minuten, ohne Wartezeit,
und etwa 15 Minuten Backzeit

Pro Stück:
E: 4 g, F: 8 g, Kh: 3 g,
kJ: 410, kcal: 98

1 Auberginen und Zucchini waschen und abtrocknen, die Enden abschneiden. Das Gemüse längs in 1 cm dicke Scheiben schneiden (evtl. mit der Aufschnittmaschine).

2 Auberginenscheiben mit Salz bestreuen, 15 Minuten stehen lassen und anschließend trockentupfen. Knoblauchzehen abziehen und durch eine Knoblauchpresse drücken.

3 Etwas von dem Olivenöl in einer Pfanne erhitzen. Knoblauch hinzufügen. Auberginen- und Zucchinischeiben portionsweise darin anbraten. Die Scheiben auf Küchenpapier abtropfen lassen, mit Salz und Pfeffer bestreuen. Feta-Käse in längliche Stifte schneiden, jeweils 1 Stift auf eine Gemüsescheibe legen und von der schmalen Seite her aufrollen.

4 Für die Tomatensauce Zwiebel und Knoblauch abziehen und würfeln. Olivenöl in einem Topf erhitzen und die Zwiebel- und Knoblauchwürfel darin andünsten. Die Tomatenstücke mit der Flüssigkeit hinzufügen und etwas einkochen lassen, bis die Sauce sämig ist. Die Sauce mit Salz, Pfeffer und Zucker abschmecken und in eine große, flache Auflaufform füllen. Gemüseröllchen hineinsetzen.

5 Für den Belag Mozzarella-Käse abtropfen lassen und in sehr feine Scheiben schneiden. Tomaten waschen, abtrocknen, halbieren und die Stängelansätze herausschneiden. Tomaten in Scheiben schneiden. Erst die Tomatenscheiben, dann die Mozzarellascheiben auf die Röllchen legen. Jeweils mit Salz und Pfeffer bestreuen. Die Form auf den Rost in den Backofen schieben.

Ober-/Unterhitze: etwa 200 °C (vorgeheizt)
Heißluft: etwa 180 °C (vorgeheizt)
Gas: Stufe 3–4 (vorgeheizt)
Backzeit: etwa 15 Minuten.

6 Zum Garnieren Petersilie abspülen und trockentupfen. Petersilie in kleinere Stängel zupfen und die Auberginen- und Zucchiniröllchen damit garniert servieren.

Tipp: Dazu passt frisches Fladen- oder Bauernbrot. Das Gericht schmeckt warm und kalt.

Mai-Gouda-Carpaccio

Mit Alkohol – Foto

Für das Carpaccio:

250 g Mai-Gouda-Käse
250 g Himbeeren
250 g Erdbeeren, 4 Kiwis

Für das Dressing:

2 EL Zitronensaft
2 EL Orangenlikör
2 EL Wasser
frisch gemahlener Pfeffer
2–3 EL Olivenöl

Zum Garnieren:

Pfefferminzblättchen
2 EL gehackte Pistazien

Zubereitungszeit:

35 Minuten

Pro Portion:

E: 18 g, F: 25 g, Kh: 14 g,
kJ: 1584, kcal: 378

1 Für das Carpaccio den Käse mit einem Käsehobel in hauchdünne Scheiben hobeln und diese auf 4 Tellern locker anrichten.

2 Himbeeren verlesen, vorsichtig waschen und abtropfen lassen bzw. trockentupfen. Erdbeeren waschen, abtropfen lassen und entstielen. Erdbeeren je nach Größe halbieren oder vierteln. Kiwis schälen und in schmale Spalten schneiden. Obst zwischen den Käsescheiben auf den Tellern anrichten.

3 Für das Dressing Zitronensaft mit Orangenlikör und Wasser verrühren, mit Pfeffer abschmecken, Öl unterschlagen. Das vorbereitete Carpaccio mit dem Dressing beträufeln.

4 Zum Garnieren Pfefferminzblättchen abspülen und trockentupfen. Das Mai-Gouda-Carpaccio mit den Pistazien bestreut und mit Pfefferminzblättchen garniert servieren.

Beilage: Toastbrot oder Baguette.

Tipp: Sie können den Orangenlikör auch durch 2 Esslöffel Orangensaft ersetzen.

Gemischte Gemüsespieße

Vegetarisch

200 g Cherrytomaten
200 g kleine Schalotten
1 große Zucchini (etwa 300 g)
150 g Ziegenfrischkäse
25 g weiche Butter
1 EL Schnittlauchröllchen
15 g Butter oder Margarine
1 gestr. EL Zucker
100 ml Rotwein
Salz, frisch gemahlener Pfeffer
1 EL Balsamico-Essig
2 EL Olivenöl

1 Tomaten waschen, trockentupfen, je einen Deckel abschneiden und mit einem Teelöffel oder einem Löffelstiel aushöhlen. Schalotten abziehen und in einem Topf mit Salzwasser bedeckt zum Kochen bringen. Schalotten 5–10 Minuten kochen, dann in einem Sieb abtropfen lassen.

2 Zucchini waschen, abtrocknen und die Enden abschneiden. Zucchini mit der Aufschnittmaschine oder dem Gemüsehobel längs in dünne Scheiben schneiden. Salzwasser zum Kochen bringen und die Scheiben darin portionsweise knapp 1 Minute

(Fortsetzung Seite 66)

8 Spieße

Zubereitungszeit:

50 Minuten

Pro Stück:

E: 2 g, F: 10 g, Kh: 4 g,
kJ: 498, kcal: 119

blanchieren, mit kaltem Wasser übergießen und anschließend abtropfen lassen.

3 Ziegenfrischkäse mit der Butter verrühren, Schnittlauchröllchen unterheben und die ausgehöhlten Tomaten damit füllen.

4 Butter oder Margarine in einer Pfanne zerlassen, Schalotten darin kurz andünsten, mit Zucker bestreuen und leicht karamellisieren lassen. Rotwein hinzugießen, etwas einkochen und anschließend abkühlen lassen.

5 Zucchinischeiben in eine flache Schüssel legen. Mit Salz und Pfeffer bestreuen und mit Essig und Olivenöl beträufeln. Zucchinischeiben von der schmalen Seite her zu Röllchen aufrollen, mit den Tomaten und Schalotten abwechselnd auf Spieße stecken.

Frischkäse-Pesto-Kugeln

Vegetarisch – Foto

30 g Pinienkerne
50 g getrocknete,
eingelegte Tomaten
1/2 Bund Basilikum
200 g Doppelrahm-Frischkäse
200 g Ziegen-Frischkäse,
z. B. Chavroux
etwa 50 g rotes Pesto
(aus dem Glas)
Salz
frisch gemahlener Pfeffer
200 g Rucola (Rauke)

Zubereitungszeit:

35 Minuten

Pro Portion:

E: 12 g, F: 36 g, Kh: 4 g,
kJ: 1604, kcal: 386

1 Pinienkerne in einer Pfanne ohne Fett goldbraun rösten und abkühlen lassen.

2 Tomaten in einem Sieb abtropfen lassen. Etwas Wasser in einem Topf zum Kochen bringen und die Tomaten darin 2 Minuten kochen lassen. Tomaten in ein Sieb geben, mit kaltem Wasser abspülen, abtropfen lassen und in kleine Würfel schneiden.

3 Basilikum kalt abspülen, trockentupfen, die Blättchen von den Stängeln zupfen. Blättchen in feine Streifen schneiden.

4 Beide Frischkäsesorten mit dem Pesto glatt rühren. Pinienkerne, Tomatenwürfel und Basilikumstreifen zufügen, mit Salz und Pfeffer würzen. Mit einem Eiskugelformer aus der Käsemasse kleine Kugeln oder mit zwei Esslöffeln Nocken formen.

5 Rucola verlesen und dicke Stängel abschneiden. Rucola waschen und trockentupfen oder -schleudern. Rucola auf einer großen Platte auslegen und die Käsekugeln darauf anrichten. Mit den Pinienkernen bestreut servieren.

Tipp: Dazu schmeckt Oliven-Ciabatta oder Baguette.

Baguette mit Tomate und Mozzarella

Einfach – Foto

4 Kopfsalatblätter
4 Baguette-Brötchen
8 EL Olivenöl
4 Fleischtomaten
250 g Mozzarella-Käse
1 Bund Basilikum
Salz
frisch gemahlener Pfeffer

Zubereitungszeit:

15 Minuten

Pro Portion:
E: 20 g, F: 34 g, Kh: 43 g,
kJ: 2340, kcal: 558

1 Salatblätter abspülen und trockentupfen. Baguette-Brötchen quer aufschneiden. Schnittflächen mit etwas Olivenöl beträufeln. Jede Baguetteunterhälfte mit einem Salatblatt belegen.

2 Tomaten waschen, abtrocknen, halbieren und die Stängelansätze herausschneiden. Die Tomaten in Scheiben schneiden. Den Mozzarella-Käse ebenfalls in dünne Scheiben schneiden. Tomaten- und Mozzarellascheiben dachziegelartig auf dem Salat verteilen.

3 Basilikum abspülen, trockentupfen und die Blättchen von den Stängeln zupfen. Blättchen in Streifen schneiden. Die belegten Baguettehälften mit Salz, Pfeffer und Basilikum bestreuen. Restliches Olivenöl darauf träufeln und das Baguetteoberteil darauf legen.

Maisgemüse mit Parmesan

Vegetarisch – Preiswert

1 Zwiebel
1 Knoblauchzehe
je 1 gelbe und rote
Paprikaschote
2 Dosen Gemüsemais
(Abtropfgewicht je 285 g)
4 Tomaten
4 EL Olivenöl
200 ml Gemüsebrühe
150 g Parmesan-Käse
3–4 Stängel glatte Petersilie
Salz
frisch gemahlener Pfeffer
Chilipulver

Zubereitungszeit:

25 Minuten

1 Zwiebel und Knoblauch abziehen und fein würfeln. Paprikaschoten halbieren, entstielen, entkernen und die weißen Scheidewände entfernen. Schoten waschen, abtropfen lassen und in in Würfel schneiden.

2 Mais in einem Sieb abtropfen lassen. Tomaten waschen, abtropfen lassen und kreuzweise einschneiden. Tomaten kurz in kochendes Wasser legen, dann mit kaltem Wasser übergießen und die Tomaten enthäuten. Tomaten halbieren, die Stängelansätze und Kerne entfernen. Tomatenfruchtfleisch würfeln.

3 Olivenöl in einer großen Pfanne erhitzen. Zwiebel- und Knoblauchwürfel darin andünsten. Paprikawürfel hinzufügen und mit andünsten. Brühe hinzugießen, kurz aufkochen lassen. Mais hinzufügen und etwa 5 Minuten garen. Tomatenwürfel unterrühren und kurz erhitzen.

(Fortsetzung Seite 70)

Pro Portion:

E: 18 g, F: 25 g, Kh: 25 g,
kJ: 1688, kcal: 403

4 Käse reiben. Petersilie abspülen und trockentupfen. Die Blättchen von den Stängeln zupfen. Einige Blättchen zum Garnieren beiseite legen, die restlichen Blättchen fein hacken oder schneiden.

5 Etwa zwei Drittel des geriebenen Käses und der gehackten Petersilie unter das Gemüse rühren, mit Salz, Pfeffer und Chilipulver abschmecken. Das Maisgemüse mit dem restlichen Käse und der Petersilie bestreuen und mit den beiseite gelegten Petersilienblättchen garnieren.

Tipp: Wer es nicht nur Vegetarisch mag, kann dazu kurz gebratene Minutensteaks servieren.

Tomaten-Carpaccio mit Zucchini

Vegetarisch – Schnell

4 Fleischtomaten (600 g)
4 kleine Zucchini (600 g)
375 ml (3/8 l) Wasser
1 gestr. TL Salz
300 g Ricotta-Käse
Salz
frisch gemahlener Pfeffer
6 EL Olivenöl

Zum Garnieren:

einige Dillstängel

Zubereitungszeit:

30 Minuten

Pro Portion:

E: 10 g, F: 27 g, Kh: 7 g,
kJ: 1310, kcal: 312

1 Tomaten waschen, abtrocknen, halbieren und die Stängelansätze herausschneiden. Tomaten in Scheiben schneiden. Zucchini waschen, abtropfen lassen und die Enden abschneiden. Zucchini längs in dünne Scheiben schneiden (evtl. mit einer Aufschnitt- bzw. Brotschneidemaschine).

2 Wasser mit Salz in einem Topf zum Kochen bringen. Die Zucchinischeiben in mehreren Portionen darin blanchieren, in ein Sieb geben, mit kaltem Wasser übergießen und gut abtropfen lassen.

3 Ricotta-Käse verrühren und mit Salz und Pfeffer würzen. Tomatenscheiben dekorativ ringförmig auf 4 Tellern anrichten. Jeweils 1/4 des Käses in die Mitte der Teller setzen und die Zucchinischeiben an den Käse legen. Tomaten-Carpaccio mit Salz und Pfeffer bestreuen und mit Olivenöl beträufeln.

4 Zum Garnieren Dill abspülen und trockentupfen. Die Stängel etwas kleiner zupfen und das Carpaccio damit garnieren.

Beilage: Warmes Baguette mit Knoblauch- oder Kräuterbutter.

Frühlingsbrötchen

Für Gäste

Für den Hefeteig:

375 g Weizenmehl
(Type 550)
1 Pck. Trockenhefe
1–2 TL Salz
1 TL Zucker
150 g Magerjoghurt
125 ml (¹/₈ l) lauwarme Milch

Kondensmilch
Sesamsamen

Für den Frühlingsquark:

500 g Magerquark
etwa 125 ml (¹/₈ l) Milch
1 fein gewürfelte Zwiebel
2 EL fein gehackte Kräuter,
z. B. Petersilie, Schnittlauch
Salz
frisch gemahlener Pfeffer
Paprikapulver edelsüß

Zum Bestreuen und Garnieren:

rote und gelbe Paprikawürfel
Schnittlauch

Zubereitungszeit:

45 Minuten, ohne
Teiggeh- und Abkühlzeit,
und etwa 20 Minuten Backzeit

Pro Portion:

E: 29 g, F: 5 g, Kh: 65 g,
kJ: 1757, kcal: 420

1 Für den Teig das Mehl in eine Rührschüssel sieben, mit der Hefe sorgfältig vermischen. Die restlichen Zutaten hinzufügen, mit dem Handrührgerät mit Knethaken zunächst auf niedrigster, dann auf höchster Stufe in etwa 5 Minuten zu einem Teig verarbeiten. Den Teig zugedeckt so lange an einem warmen Ort stehen lassen, bis er sich sichtbar vergrößert hat.

2 Teig leicht mit Mehl bestäuben, auf der Arbeitsfläche nochmals kurz durchkneten. 4 längliche, flache Brötchen formen, auf ein mit Backpapier belegtes Backblech legen, mehrmals diagonal 1 cm tief einschneiden, nochmals gehen lassen.

3 Brötchen mit Kondensmilch bestreichen, mit Sesam bestreuen und das Backblech in den Backofen schieben.

Ober-/Unterhitze: etwa 200 °C (vorgeheizt)
Heißluft: etwa 180 °C (vorgeheizt)
Gas: Stufe 3–4 (vorgeheizt)
Backzeit: etwa 20 Minuten.

4 Die Brötchen auf einem Kuchenrost erkalten lassen, quer durchschneiden und etwas aushöhlen.

5 Für den Frühlingsquark den Quark mit der Milch, den Zwiebelwürfeln und den Kräutern verrühren, mit Salz, Pfeffer und Paprika abschmecken. Die Brötchenhälften damit füllen, auf einer Platte anrichten, nach Belieben mit Paprikawürfeln bestreuen.

Tipp: Schneller geht es, wenn Sie frische Baguettebrötchen kaufen.

Fenchel mit Butter und Parmesan

Vegetarisch – Foto

4 große Fenchelknollen
(etwa 1,2 kg)
100 g Butter
Salz
frisch gemahlener Pfeffer
4 EL Balsamico-Essig
100 ml Wasser
150 g Parmesan- oder
Pecorino-Käse
einige frische Dillstängel

Zubereitungszeit:

30 Minuten

Pro Portion:
E: 16 g, F: 34 g, Kh: 9 g,
kJ: 1714, kcal: 409

1 Von den Fenchelknollen die Stiele dicht oberhalb der Knollen abschneiden, braune Stellen und Blätter entfernen, die Wurzelenden gerade schneiden, die Knollen waschen, abtropfen lassen und vierteln.

2 Butter in einer großen Pfanne zerlassen und die Fenchelviertel darin anbraten, mit Salz und Pfeffer würzen. Essig und Wasser hinzugießen. Den Fenchel in 10–15 Minuten knackig garen, evtl. noch etwas Wasser hinzufügen.

3 Käse hobeln oder grob raspeln. Dill abspülen und trockentupfen. Die Spitzen von den Stängeln zupfen und mit dem Käse über den Fenchel geben.

Tipp: Den gebratenen Fenchel mit etwas Weißwein in eine gefettete Auflaufform geben, Semmelbrösel und geriebenen Käse darüber streuen und im vorgeheizten Backofen, bei Ober-/Unterhitze: etwa 200 °C, Heißluft: etwa 180 °C und Gas: Stufe 3–4, etwa 10 Minuten überbacken.

Mango-Putenbrust-Sandwich

Einfach – Gut vorzubereiten

8 Scheiben Sandwichtoast
1 große Mango
3 EL Mango-Chutney
Salz
frisch gemahlener Pfeffer
1 EL Zitronensaft
1 Banane
4 vorbereitete Salatblätter
200 g Putenbrustaufschnitt

Zubereitungszeit:
25 Minuten, ohne Kühlzeit

1 Von den Sandwichscheiben die Rinden abschneiden. Mango halbieren, Stein entfernen. Mango schälen, Mangofruchtfleisch in kleine Würfel schneiden und mit dem Mango-Chutney verrühren. Mit Salz, Pfeffer und Zitronensaft würzen. Banane schälen, fein würfeln und ebenfalls unterrühren.

2 Die Mangomasse auf die Sandwichscheiben streichen, auf 4 bestrichene Sandwichscheiben je 1 Salatblatt legen.

(Fortsetzung Seite 76)

3 Den Putenbrustaufschnitt in kleine Würfel schneiden und auf den Salatblättern verteilen. Mit je einer bestrichenen Sandwichscheibe bedecken, fest andrücken und in Frischhaltefolie wickeln. Etwa 1 Stunde beschweren (z.B. mit einem Schneidebrett und Konserven), kalt stellen.

4 Sandwiches aus der Folie nehmen und je einmal diagonal durchschneiden.

Paprikagemüse in Orangensauce

Vegetarisch – Mit Alkohol

1 Zwiebel
2 Knoblauchzehen
3 EL Maiskeimöl
400 ml Orangensaft
150 ml Portwein
2 EL Honig
1 Döschen Safran (0,2 g)
gerebelter Thymian
Salz
frisch gemahlener Pfeffer
je 1 große gelbe, rote und
grüne Paprikaschote (je 250 g)
2 Orangen
1 Bund Petersilie
1–2 Thymianzweige

Zubereitungszeit:
25 Minuten

1 Zwiebel und Knoblauch abziehen und in feine Würfel schneiden. Maiskeimöl in einem großen, flachen Topf erhitzen und Zwiebel- und Knoblauchwürfel darin andünsten.

2 Orangensaft, Portwein und Honig hinzufügen und den Sud bei starker Hitze ohne Deckel um gut die Hälfte einkochen lassen. Mit Safran, Thymian, Salz und Pfeffer würzen.

3 Paprikaschoten halbieren, entstielen, entkernen und die weißen Scheidewände entfernen. Schoten waschen und in etwa 2 x 2 cm große Stücke schneiden. Orangen so schälen, dass die weiße Haut vollständig entfernt wird. Orangenfilets herausschneiden. Die Paprikastücke in den eingekochten Sud geben und 4–6 Minuten garen.

4 Petersilie und Thymian abspülen und trockentupfen. Blättchen von den Stängeln zupfen. Petersilienblättchen fein schneiden und hacken. Orangenfilets und Petersilie unter das Paprikagemüse heben und mit Thymianblättchen bestreut servieren.

Tipp: Dazu passt Basmatireis. Als nicht-vegetarische Variante das Parikagemüse zu gebratener Entenbrust oder Hähnchenbrustfilets reichen.

Ofenkartoffeln mit Gemüse-Quark-Füllung

Einfach – Vegetarisch

4 große fest kochende Ofenkartoffeln (je etwa 250 g)
je 1 kleine rote, grüne und gelbe Paprikaschote
500 g Magerquark
1 EL frisch geriebener Meerrettich
1 Pck. (50 g) gehackte TK-Küchenkräuter
Salz
frisch gemahlener Pfeffer
1 Bund glatte Petersilie

Außerdem:

4 Bögen Alufolie

Zubereitungszeit:

20 Minuten und etwa 60 Minuten Backzeit

Pro Portion:
E: 23 g, F: 1 g, Kh: 45 g, kJ: 1216, kcal: 290

1 Kartoffeln gründlich waschen, evtl. mit einer Bürste abbürsten und trockentupfen. Jede Kartoffel in einen Bogen Alufolie wickeln und auf ein Backblech legen. Das Backblech in den Backofen schieben.

Ober-/Unterhitze: 180–200 °C (vorgeheizt)
Heißluft: 160–180 °C (nicht vorgeheizt)
Gas: etwa Stufe 3 (nicht vorgeheizt)
Backzeit: etwa 60 Minuten.

2 Paprikaschoten halbieren, entstielen, entkernen und die weißen Scheidewände entfernen. Schoten waschen, abtropfen lassen und in kleine Würfel schneiden. 1–2 Esslöffel der Paprikawürfel zum Garnieren beiseite legen.

3 Quark in eine Rührschüssel geben. Paprikawürfel, Kräuter und Meerrettich unterrühren, mit Salz und Pfeffer würzen.

4 Petersilie abspülen und trockentupfen. Die Blättchen von den Stängeln zupfen.

5 Gegarte Ofenkartoffeln aus der Alufolie nehmen. Ofenkartoffeln kreuzweise einschneiden, etwas aufdrücken und mit dem Gemüsequark füllen.

6 Ofenkartoffeln mit den beiseite gelegten Paprikawürfeln und Petersilienblättchen garniert servieren.

Tipp: Wenn Sie keine großen Ofenkartoffeln bekommen, können Sie pro Person auch 2 kleinere fest kochende Kartoffeln verwenden.

Avocado-Tatar mit Garnelen

Schnell – Einfach

4 Tomaten (etwa 400 g)
2 hart gekochte Eier
1 Topf Schnittlauch
1 Topf Petersilie
4 reife Avocados (etwa 1 kg)
3 EL Balsamico-Essig
Salz
frisch gemahlener Pfeffer
8 EL Olivenöl

12 große Garnelen,
ohne Schale, mit Schwanz
2 EL Olivenöl

Zubereitungszeit:
35 Minuten

Pro Portion:
E: 12 g, F: 69 g, Kh: 4 g,
kJ: 2830, kcal: 676

1 Tomaten waschen, abtrocknen, halbieren und die Stängelansätze herausschneiden. Tomaten entkernen und das Fruchtfleisch in Würfel schneiden.

2 Eier pellen und würfeln. Schnittlauch und Petersilie abspülen und trockentupfen. Petersilienblättchen von den Stängeln zupfen und einige Blättchen zum Garnieren beiseite legen. Restliche Petersilienblättchen fein schneiden. Schnittlauch in Röllchen schneiden.

3 Avocados halbieren, vom Stein befreien und schälen. Fruchtfleisch in feine Würfel schneiden.

4 Avocado-, Tomaten- und Eierwürfel mit der Petersilie und den Schnittlauchröllchen vermengen. Essig mit Salz und Pfeffer verrühren, Öl unterschlagen und unter die Gemüse-Eier-Mischung rühren.

5 Von den Garnelen evtl. den Darm entfernen. Garnelen unter fließendem kalten Wasser abspülen und trockentupfen. Öl in einer Pfanne erhitzen und die Garnelen darin etwa 4 Minuten braten, bis sie sich rötlich färben, mit Salz und Pfeffer würzen.

6 Avocado-Tatar mit je 3 Garnelen auf 4 Tellern anrichten und mit den beiseite gelegten Petersilienblättchen garnieren.

Kalte Minischnitzel mit Salaten

Gut vorzubereiten

8 kleine Schweineschnitzel
(je etwa 80 g)
Salz
frisch gemahlener Pfeffer
2 Eier
2 EL Weizenmehl
120 g Semmelbrösel
80 g Butter
2 EL Speiseöl

Für die Salate:

1 kleine Salatgurke
(etwa 250 g)
2 EL Schlagsahne
1–2 EL Weißweinessig

4 Möhren (etwa 350 g)
1 EL Zitronensaft
1–2 TL Zucker

2 gelbe Paprikaschoten
2 Bund Radieschen
3 EL Weißweinessig
4–5 EL Olivenöl

Zum Garnieren:

1 Pck. Kresse

Zubereitungszeit:

45 Minuten,
ohne Durchziehzeit

Pro Portion:

E: 42 g, F: 26 g, Kh: 28 g,
kJ: 2198, kcal: 525

1 Schnitzel unter fließendem kalten Wasser abspülen, trockentupfen und zwischen Frischhaltefolie dünn ausklopfen. Schnitzel aus der Folie nehmen und mit Salz und Pfeffer bestreuen. Eier in einer flachen Schüssel verschlagen.

2 Die Schnitzel zuerst in Mehl (überschüssiges Mehl abklopfen), dann in den verschlagenen Eiern und zuletzt in Semmelbröseln wenden, Panade fest andrücken.

3 Butter und Öl in einer großen Pfanne erhitzen. Die Schnitzel darin (evtl. in 2 Portionen) von beiden Seiten etwa 10 Minuten braten, dann herausnehmen und erkalten lassen.

4 Für die Salate Gurke waschen, abtrocknen und die Enden abschneiden. Gurke mithilfe eines Gemüsehobels dünn hobeln, in eine Schüssel geben und mit Salz und Pfeffer würzen. Sahne mit Essig verrühren und unter die Gurkenscheiben mischen.

5 Möhren putzen, schälen, waschen, abtropfen lassen, grob raspeln und mit Salz, Pfeffer, Zitronensaft und Zucker abschmecken.

6 Paprikaschoten halbieren, entstielen, entkernen und die weißen Scheidewände entfernen. Schoten waschen und in dünne Streifen schneiden. Radieschen putzen, waschen, abtropfen lassen und in dünne Scheiben schneiden. Paprikastreifen und Radieschenscheiben getrennt voneinander mit Salz, Pfeffer, Essig und Öl abschmecken. Salate zum Durchziehen für etwa 1 Stunde in den Kühlschrank stellen.

7 Zum Garnieren Kresse abspülen, abschneiden und trockentupfen. Schnitzel mit den verschiedenen Salaten anrichten und mit der Kresse garniert servieren.

Seefischgratin auf Gemüsebett

Raffiniert

200 g Rotbarschfilet
200 g Kabeljaufilet
200 g Seelachsfilet
Saft von 1 Zitrone
Salz
frisch gemahlener Pfeffer
40 g Butter
20 g Weizenmehl
125 ml (¹/₈ l) Milch
1 Glas (400 ml) Fischfond
2 EL mittelscharfer Senf
Zucker
4 Möhren (etwa 400 g)
2 Stangen (etwa 300 g)
Porree (Lauch)
etwas Wasser
1 gestr. TL Salz
¹/₂ Bund glatte Petersilie
2 EL Crème fraîche

Zubereitungszeit:
40 Minuten und
etwa 15 Minuten Garzeit

Pro Portion:
E: 32 g, F: 15 g, Kh: 13 g,
kJ: 1348, kcal: 323

1 Fischfilets unter fließendem kalten Wasser abspülen, trockentupfen und in etwas größere Stücke schneiden. Fischstücke mit Zitronensaft beträufeln und mit Salz und Pfeffer bestreuen.

2 Butter in einem Topf zerlassen, Mehl unter Rühren hinzufügen und so lange erhitzen, bis es hellgelb ist. Milch und Fischfond hinzugießen, darauf achten, dass keine Klümpchen entstehen. Sauce unter Rühren aufkochen und 2–3 Minuten köcheln lassen, Senf unterrühren, mit Salz, Pfeffer und Zucker abschmecken. Sauce warm stellen.

3 Möhren putzen, schälen, waschen, abtropfen lassen und in feine Scheiben schneiden. Porree putzen, waschen, abtropfen lassen und in dünne Ringe schneiden. Wasser mit Salz in einem Topf zum Kochen bringen und zuerst die Möhrenscheiben darin etwa 4 Minuten, dann die Porreeringe darin etwa 2 Minuten blanchieren. Anschließend das Gemüse in ein Sieb geben, kalt abspülen und abtropfen lassen.

4 Petersilie abspülen, trockentupfen und die Blättchen von den Stielen zupfen. Blättchen fein schneiden und unter die Sauce rühren.

5 Das Gemüse in eine große flache Auflaufform geben, die Fischstücken darauf legen und die Sauce hinzugießen. Crème fraîche in kleinen Klecksen auf den Fischstücken verteilen.

6 Die Form auf dem Rost in den Backofen schieben.

Ober-/Unterhitze: etwa 200 °C (vorgeheizt)
Heißluft: etwa 180 °C (vorgeheizt)
Gas: Stufe 3–4 (vorgeheizt)
Garzeit: etwa 15 Minuten.

Beilage: Salzkartoffeln oder Stangenweißbrot.

Tipp: Sie können den Fischfond auch durch Gemüsebrühe ersetzen.

Paprika-Rindfleisch-Pfanne

Schnell

450 g Rinderfilet
2 Zwiebeln
3 Knoblauchzehen
80 g Ingwerwurzel
500 g gelbe Paprikaschoten
3 EL Speiseöl
Salz
frisch gemahlener Pfeffer
1 Bund Koriander
Sojasauce

2½ l Wasser
2½ TL Salz
250 g breite Bandnudeln

Zubereitungszeit:

40 Minuten

Pro Portion:
E: 34 g, F: 14 g, Kh: 51 g,
kJ: 1978, kcal: 472

1 Rinderfilet unter fließendem kalten Wasser abspülen, trocken-tupfen und in Streifen schneiden. Zwiebeln und Knoblauch abziehen und in feine Würfel schneiden.

2 Ingwer schälen und ebenfalls fein würfeln. Paprikaschoten halbieren, entstielen, entkernen und die weißen Scheidewände entfernen. Schoten waschen und in Würfel schneiden.

3 Öl in einer großen Pfanne erhitzen und die Fleischstreifen darin gut anbraten, mit Salz und Pfeffer bestreuen. Zwiebeln, Knoblauch und Ingwer dazugeben und andünsten. Paprikawürfel hinzufügen und kurz mitdünsten.

4 Koriander abspülen und trockentupfen. Die Blättchen von den Stängeln zupfen und grob hacken. Die Paprika-Rindfleisch-Pfanne mit Salz, Pfeffer und Sojasauce abschmecken und Koriander unterrühren.

5 Wasser in einem großen Topf mit geschlossenem Deckel zum Kochen bringen. Salz und Nudeln hinzufügen. Die Nudeln im geöffneten Topf, nach Packungsanleitung kochen lassen, dabei zwischendurch 4–5-mal umrühren.

6 Anschließend die Nudeln in ein Sieb geben, mit heißem Wasser abspülen und abtropfen lassen und mit der Paprika-Rindfleisch-Pfanne servieren.

Kalter Braten in weißem Burgundergelee

Gut vorzubereiten – Mit Alkohol

400 g kalter Putenbraten
im Stück
1 Zwiebel
2 Tomaten
2 Gewürzgurken
6 Blatt Gelatine
250 ml (¼ l) Gemüsebrühe
200 ml trockener Weißwein,
z. B. Weißer Burgunder
Salz
frisch gemahlener Pfeffer

500 g gekochte Kartoffeln
2 EL Speiseöl, z. B. Rapsöl

1 Tube (100 ml)
Remouladensauce
1 Tube (100 ml) Mayonnaise

Zubereitungszeit:
60 Minuten, ohne Kühlzeit

Pro Portion:
E: 30 g, F: 44 g, Kh: 24 g,
kJ: 2723, kcal: 650

1 Braten zuerst in dickere Scheiben und anschließend in Würfel schneiden. Zwiebel abziehen und in feine Würfel schneiden. Wasser in einem Topf zum Kochen bringen und die Zwiebelwürfel darin kurz blanchieren, dann mit kaltem Wasser übergießen und gut abtropfen lassen.

2 Tomaten waschen, abtrocknen, halbieren und die Stängelansätze herausschneiden. Tomaten entkernen und das Fruchtfleisch in Würfel schneiden. Gewürzgurken ebenfalls in kleine Würfel schneiden.

3 Gelatine nach Packungsanleitung einweichen. Gemüsebrühe und Wein in einem Topf erhitzen, mit Salz und Pfeffer würzen. Gelatine leicht ausdrücken und in der Wein-Gemüse-Mischung bei schwacher Hitze unter Rühren auflösen.

4 Braten-, Zwiebel-, Tomaten- und Gewürzgurkenwürfel miteinander vermischen, gleichmäßig auf 4 kleine Schüsseln verteilen und mit der Gelatinemischung auffüllen. Gelee erkalten lassen und zum Durchkühlen, für einige Stunden bzw. besser über Nacht, in den Kühlschrank stellen.

5 Kartoffeln in Scheiben schneiden. Öl in einer großen Pfanne erhitzen und die Kartoffeln goldbraun darin braten, mit Salz und Pfeffer würzen.

6 Burgundergelee mit einem spitzen Messer vom Rand der Schüsseln lösen, die Schüsseln kurz in heißes Wasser tauchen und den Braten in Burgundergelee auf vorbereitete Teller stürzen.

7 Bratkartoffeln mit auf den Tellern anrichten. Remoulade und Mayonnaise dazu servieren.

Tipp: Wenn Sie die Schüsseln vor dem Befüllen mit Frischhaltefolie auslegen, lässt sich das Gelee besser stürzen.

Fisch Caprese

Einfach

4 mittelgroße Tomaten
2 kleine Zucchini
250 g Mozzarella-Käse
Salz
frisch gemahlener Pfeffer
1 EL Tessiner Gewürzmischung
4 EL Olivenöl
4 Scheiben Rotbarsch- oder
Seelachsfilet (je 130 g)

einige Stängel frisches
Basilikum

Zubereitungszeit:
30 Minuten und
25–30 Minuten Garzeit

Pro Portion:
E: 38 g, F: 26 g, Kh: 5 g,
kJ: 1703, kcal: 406

1 Tomaten waschen, trockentupfen und die Stängelansätze herausschneiden. Tomaten in Scheiben schneiden.

2 Zucchini waschen, abtrocknen und die Enden abschneiden. Zucchini in etwa 1 cm dicke Scheiben schneiden. Mozzarella abtropfen lassen und in 12 Scheiben schneiden.

3 Die Hälfte der Tomaten-, Zucchini- und Mozzarellascheiben dachziegelartig in eine flache Auflaufform schichten. Mit Salz, Pfeffer und der Hälfte der Gewürzmischung bestreuen und mit 2 Esslöffeln Öl beträufeln.

4 Fischfilets unter fließendem kalten Wasser abspülen, trockentupfen, mit Salz und Pfeffer bestreuen und auf die Gemüse-Käse-Mischung legen. Die restlichen Tomaten-, Zucchini- und Mozzarellascheiben dachziegelartig darauf legen.

5 Mit Salz, Pfeffer und der restlichen Gewürzmischung bestreuen und mit dem restlichen Öl beträufeln. Die Form auf dem Rost in den Backofen schieben.

Ober-/Unterhitze: etwa 200 °C (vorgeheizt)
Heißluft: etwa 180 °C (vorgeheizt)
Gas: Stufe 3–4 (vorgeheizt)
Garzeit: 25–30 Minuten.

6 Basilikum abspülen, trockentupfen und die Blättchen von den Stängeln zupfen. Die Blättchen fein hacken und den Fischauflauf damit bestreuen.

Tipp: Dazu schmeckt Reis oder Kartoffelpüree. Sollten Sie keine Tessiner Gewürzmischung bekommen, können Sie diese durch eine Italienische Gewürzmischung austauschen.

Putensticks in Sesampanade

Für Gäste

Für den Salat:

1 Dose Ananasringe
(Abtropfgewicht 350 g)
1 Bund Frühlingszwiebeln
250 g Cocktailtomaten
1 Bund Rucola (Rauke)
3 EL milder Essig,
z. B. Weißweinessig
6 EL Speiseöl, z. B. Erdnussöl
Salz
frisch gemahlener Pfeffer

Für die Putensticks:

4 Putenschnitzel
(je etwa 120 g)
2 Eier (Größe M)
2 EL Weizenmehl
4 EL Sesamsamen
3 EL Speiseöl, z. B.
Sonnenblumenöl

Zum Dippen:

etwa 200 ml süß-saure Sauce
(aus der Flasche)

Zubereitungszeit:

40 Minuten,
ohne Durchziehzeit

Pro Portion:

E: 36 g, F: 28 g, Kh: 40 g,
kJ: 2338, kcal: 558

1 Für den Salat Ananasringe in ein Sieb geben, abtropfen lassen und in kleine Stücke schneiden. Frühlingszwiebeln putzen, waschen, abtropfen lassen und in etwa 3 cm lange Stücke schneiden.

2 Cocktailtomaten waschen, trockentupfen, halbieren und die Stängelansätze entfernen. Rucola verlesen, dicke Stängel abschneiden, Rucola waschen und trockentupfen oder -schleudern und in kleine Stücke schneiden oder zupfen.

3 Ananas-, Frühlingszwiebelstücke, Cocktailtomaten und Rucola mit Essig und Öl in eine Schüssel geben und gut vermischen, mit Salz und Pfeffer würzen. Den Salat im Kühlschrank etwa eine halbe Stunde durchziehen lassen, dabei gelegentlich umrühren.

4 Für die Putensticks Putenschnitzel unter fließendem kalten Wasser abspülen, trockentupfen und in etwa 5 cm lange Stücke schneiden.

5 Eier in einer flachen Schüssel verschlagen. Mehl und Sesamsamen jeweils in eine flache Schale geben. Putenstücke mit Salz und Pfeffer würzen, zuerst im Mehl wälzen, dann mithilfe einer Gabel durch die verschlagenen Eier ziehen. Putenstücke am Schüsselrand etwas abstreifen und zuletzt in den Sesamsamen wenden. Panade fest andrücken.

6 Öl in einer großen, flachen Pfanne erhitzen und die panierten Putenstücke evtl. in 2 Portionen, darin in etwa 7 Minuten knusprig braten.

7 Die Putensticks mit dem Salat anrichten und die süß-saure Sauce zum Dippen dazureichen.

Spargelragout mit Garnelen in Käsesauce

Raffiniert

1 kg weißer Spargel
500 ml (¹/₂ l) Wasser
1 gestr. TL Salz
¹/₂ TL Zucker

Für die Sauce:

2 Stängel Estragon
40 g Butter
20 g Weizenmehl
375 ml (³/₈ l) Spargelwasser
2 EL Schmand
150 g geriebener
Maasdamer-Käse
Salz
frisch gemahlener Pfeffer

150 g Garnelen ohne Schale

Zubereitungszeit:

35 Minuten

Pro Portion:

E: 21 g, F: 21 g, Kh: 8 g,
kJ: 1285, kcal: 308

1 Spargel von oben nach unten schälen, dabei darauf achten, dass die Schalen vollständig entfernt, die Köpfe aber nicht verletzt werden. Die unteren Enden abschneiden (holzige Stellen vollkommen entfernen). Spargel in 4–5 cm lange Stücke schneiden, waschen und abtropfen lassen.

2 Wasser mit Salz und Zucker in einem Topf zum Kochen bringen. Spargelstücke hinzufügen, zum Kochen bringen und zugedeckt in etwa 8 Minuten bissfest kochen. Spargelstücke in ein Sieb abgießen und dabei das Spargelwasser auffangen, 375 ml (³/₈ l) davon abmessen. Spargelstücke warm stellen.

3 Für die Sauce Estragon abspülen, trockentupfen, einige Blättchen zum Garnieren von den Stängeln zupfen und beiseite legen. Restlichen Estragon klein schneiden.

4 Butter in einem Topf zerlassen, Mehl unter Rühren so lange darin erhitzen, bis es hellgelb ist. Spargelwasser hinzufügen und mit einem Schneebesen gut durchrühren, dabei darauf achten, dass keine Klümpchen entstehen. Die Sauce unter Rühren zum Kochen bringen und 2–3 Minuten köcheln lassen. Schmand und klein geschnittenen Estragon unter die Sauce rühren. Käse ebenfalls hinzufügen und unter Rühren schmelzen, aber die Sauce nicht mehr kochen lassen. Die Sauce mit Salz und Pfeffer abschmecken.

5 Spargelstücke und Garnelen unter die heiße Sauce rühren. Das Spargelragout mit den beiseite gelegten Estragonblättchen garniert servieren.

Beilage: Natur- oder Wildreis.

Seelachs mit Joghurthaube

Preiswert

Für das Kartoffel-
Möhren-Püree:

500 g Kartoffeln
500 g Möhren
Wasser
1 gestr. TL Salz
100 g saure Sahne (10 %)
Salz
frisch gemahlener Pfeffer
frisch geriebene Muskatnuss

400 g Seelachsfilet
Saft von 1 Zitrone, Salz
1 Dose Champignonscheiben
(Abtropfgewicht 175 g)
2 mittelgroße Zwiebeln
3 EL Olivenöl
5 Tomaten
je 1 Bund Petersilie,
Schnittlauch und Dill
300 g Naturjoghurt
1 EL Speisestärke
frisch gemahlener weißer Pfeffer
Paprikapulver edelsüß
2 EL Semmelbrösel
40 g Butter

Nach Belieben:
einige Bio-Limetten-
oder Bio-Zitronenscheiben
(unbehandelt, ungewachst)

Zubereitungszeit:
50 Minuten und
etwa 25 Minuten Garzeit

Pro Portion:
E: 28 g, F: 24 g, Kh: 35 g,
kJ: 2000, kcal: 477

1 Für das Kartoffel-Möhren-Püree Kartoffeln und Möhren schälen, waschen, abspülen und in Würfel schneiden. Möhren- und Kartoffelwürfel zugedeckt mit Wasser und Salz zum Kochen bringen, 10–15 Minuten garen, abgießen (dabei etwas von der Kochflüssigkeit auffangen) und abtropfen lassen.

2 Seelachsfilet unter fließendem kalten Wasser abspülen, trockentupfen, mit Zitronensaft beträufeln und mit Salz bestreuen.

3 Champignons in einem Sieb abtropfen lassen. Zwiebeln abziehen und würfeln. Öl in einer Pfanne erhitzen. Zwiebelwürfel darin andünsten. Champignons hinzufügen und kurz mitdünsten.

4 Tomaten waschen, abtrocknen und halbieren. Stängelansätze entfernen und Tomaten in Scheiben schneiden. Kräuter abspülen, trockentupfen und jeweils einige Stängel zum Garnieren beiseite legen. Von den restlichen Kräuterstängeln die Blättchen bzw. die Spitzen abzupfen. Petersilienblättchen, Dillspitzen und Schnittlauch fein schneiden oder hacken. Joghurt mit Speisestärke und Kräutern verrühren und mit Salz, Pfeffer und Paprikapulver abschmecken.

5 Fischfilet in eine längliche flache Auflaufform (gefettet) legen. Zwiebel-Champignon-Mischung und Tomatenscheiben darauf schichten. Vorsichtig mit der Joghurtsauce übergießen. Semmelbrösel darauf streuen und Butter in Flöckchen darauf setzen. Form auf dem Rost in den Backofen schieben.

Ober-/Unterhitze: etwa 200 °C (vorgeheizt)
Heißluft: etwa 180 °C (vorgeheizt)
Gas: Stufe 3–4 (vorgeheizt)
Garzeit: etwa 25 Minuten.

6 Möhren- und Kartoffelwürfel pürieren. Saure Sahne hinzugeben und unterrühren. Mit Salz, Pfeffer und Muskat würzen, evtl. etwas von der Kochflüssigkeit unterrühren.

7 Nach Belieben Limette oder Zitrone heiß abwaschen, abtrocknen und in dünne Scheiben schneiden, diese halbieren. Seelachs mit dem Püree, beiseite gelegten Kräuterstängeln und Limetten- bzw. Zitronenscheiben garniert servieren.

Mariniertes Rindfleisch mit Rotwein

Mit Alkohol – Etwas teurer

Zum Vorbereiten:

500 g Roastbeef
1 rote Chilischote
3 EL Olivenöl
3 EL Rotwein
1/2 TL gemahlener Rosmarin
1/2 TL gerebelter Thymian

3 EL Olivenöl
Salz
frisch gemahlener Pfeffer
Cayennepfeffer
1 TL Sambal Oelek
150 ml Rotwein
1 Becher (150 g)
Crème légère

4 l Wasser
4 gestr. TL Salz
400 g Spätzle

Zum Garnieren:

1–2 Rosmarinstängel
2 TL getrocknete rosa
Pfefferbeeren

Zubereitungszeit:

30 Minuten,
ohne Marinierzeit

Pro Portion:
E: 42 g, F: 22 g, Kh: 72 g,
kJ: 2823, kcal: 674

1 Zum Vorbereiten Roastbeef unter fließendem kalten Wasser abspülen, trockentupfen, in dünne Scheiben schneiden, große Scheiben halbieren. Chilischote halbieren, entstielen und entkernen. Schote waschen, abtrocknen und in feine Streifen schneiden.

2 Olivenöl mit Rotwein verrühren, Rosmarin, Thymian und Chilistreifen unterrühren. Die Fleischscheiben mit der Marinade bestreichen und zugedeckt etwa 2 Stunden im Kühlschrank marinieren.

3 Olivenöl in einer großen Pfanne erhitzen. Die Fleischstücke darin rundherum kurz anbraten, mit Salz, Pfeffer, Cayennepfeffer und Sambal Oelek würzen. Rotwein hinzugießen, zum Kochen bringen und 2–3 Minuten bei schwacher Hitze garen. Crème légère unterrühren und evtl. nochmals kräftig mit den Gewürzen abschmecken, warm stellen.

4 Wasser in einem großen Topf, mit geschlossenem Deckel, zum Kochen bringen. Dann Salz und Spätzle zugeben. Die Spätzle im geöffneten Topf, bei mittlerer Hitze nach Packungsanleitung kochen lassen, dabei zwischendurch 4–5-mal umrühren.

5 Anschließend die Spätzle in ein Sieb geben, mit heißem Wasser abspülen und abtropfen lassen.

6 Zum Garnieren Rosmarin abspülen und trockentupfen. Die Spätzle auf einem großen Teller anrichten. Das Fleisch mit der Sauce darauf geben, mit den Pfefferbeeren bestreuen und mit den Rosmarinstängeln garniert, sofort servieren.

Gebratene Viktoriabarschwürfel

Für Gäste – Foto

400 g Viktoriabarschfilet
2 l Wasser
2 gestr. TL Salz
300 g Reisnudeln
2 Bund Frühlingszwiebeln
je 2 rote und grüne milde
Peperoni
2 EL Speiseöl
Salz
frisch gemahlener Pfeffer
Sojasauce
1 Bund Koriander

Zubereitungszeit:
50 Minuten

Pro Portion:
E: 25 g, F: 6 g, Kh: 75 g,
kJ: 1907, kcal: 455

1 Fischfilet unter fließendem kalten Wasser abspülen, trockentupfen und in etwa 2 cm große Würfel schneiden.

2 Wasser mit Salz in einem großen Topf zum Kochen bringen, die Reisnudeln darin nach Packungsanleitung kochen, zwischendurch 4–5-mal umrühren. Dann die Reisnudeln in ein Sieb geben, mit heißem Wasser abspülen und abtropfen lassen.

3 Frühlingszwiebeln putzen, waschen und in 1 cm lange Stücke schneiden. Peperoni halbieren, entstielen, entkernen und die weißen Scheidewände entfernen. Peperoni waschen, trockentupfen und in kleine Würfel schneiden.

4 Öl in einer großen Pfanne oder einem Wok erhitzen. Frühlingszwiebelstücke, Fischfiletwürfel und Peperoni darin braten. Nudeln unterrühren und mit Salz, Pfeffer und Sojasauce würzen.

5 Koriander abspülen, trockentupfen und die Blättchen von den Stängeln zupfen. Viktoriabarschwürfel mit Reisnudeln und Korianderblättchen bestreut servieren.

Hähnchenschenkel mit Parmaschinken-Pesto

Raffiniert – Rezept für Vorwortfoto

4 Hähnchenschenkel
(je etwa 200 g)
Salz
frisch gemahlener Pfeffer
etwa 1 EL Olivenöl
1 dicke Scheibe
Parmaschinken (etwa 120 g)
1 kleiner Topf Petersilie
1 kleiner Topf Basilikum
1 Knoblauchzehe
40 g gehackte Mandeln
4 EL Olivenöl

1 Hähnchenschenkel unter fließendem kalten Wasser abspülen und trockentupfen, mit Salz und Pfeffer bestreuen, mit Olivenöl einstreichen. Schinken in sehr kleine Würfel schneiden.

2 Petersilie und Basilikum abspülen, trockentupfen und die Blättchen von den Stängeln zupfen. Einige Basilikumblättchen beiseite legen. Blättchen fein schneiden oder hacken. Knoblauch abziehen und durch eine Knoblauchpresse drücken, mit Schinkenwürfeln, gehackten Kräutern, Mandeln und Olivenöl zu einem Pesto verrühren.

(Fortsetzung Seite 102)

Für den Salat:

> 250 g Cocktailtomaten
> 1 kleiner Kopf Lollo biondo
> (etwa 250 g)
> 1 Pck. Kresse

Für die Salatsauce:

> 3 EL Essig
> 8 EL Olivenöl

Zubereitungszeit:

> 40 Minuten und
> 35–45 Minuten Garzeit

Pro Portion:

E: 37 g, F: 56 g, Kh: 3 g,
kJ: 2771, kcal: 662

3 Die Hähnchenschenkel auf ein Backblech (gefettet, evtl. mit Alufolie belegt) legen. Das Backblech in den Backofen schieben.

Ober-/Unterhitze: 180–200 °C (vorgeheizt)
Heißluft: 160–180 °C (nicht vorgeheizt)
Gas: etwa Stufe 3 (nicht vorgeheizt)
Garzeit: 35–45 Minuten

4 Während der Garzeit die Hähnchenschenkel wenden und gelegentlich mit dem Bratensaft bestreichen. Nach etwa 25 Minuten Garzeit, die Hähnchenschenkel mit dem Pesto bestreichen.

5 Für den Salat Cocktailtomaten waschen, abtrocknen. Stängelansätze herausschneiden. Von dem Salat die äußeren welken Blätter entfernen, den Salat waschen und trockenschleudern. Die Salatblätter in mundgerechte Stücke zupfen. Kresse abspülen, abschneiden und trockentupfen. Für die Salatsauce Essig mit Salz und Pfeffer verrühren, Öl unterschlagen.

6 Hähnchenschenkel mit Pesto und den Salatzutaten auf Tellern anrichten. Die Salatsauce über den Salat träufeln und mit den beiseite gelegten Basilikumblättchen garnieren.

Lammkoteletts mit Paprikagemüse

Klassisch

> 8 doppelte Lammkoteletts
> (je 120 g)
> 2 Knoblauchzehen
> einige Rosmarinstängel
> 4–5 EL Olivenöl
> frisch gemahlener Pfeffer

Für das Paprikagemüse:

> 3 rote Paprikaschoten
> 2 Knoblauchzehen
> einige Stängel Petersilie
> 3 EL Olivenöl
> Salz

1 Die Lammkoteletts unter fließendem kalten Wasser abspülen und trockentupfen. Evtl. den Fettrand etwas einschneiden.

2 Knoblauch abziehen und durch eine Knoblauchpresse geben. Rosmarin abspülen, trockentupfen, 2 Stängel etwas kleiner zupfen und zum Garnieren beiseite legen. Von den restlichen Rosmarinstängeln die Nadeln zupfen. Rosmarinnadeln fein schneiden und mit Öl und Pfeffer verrühren. Die Lammkoteletts mit dem Gewürzöl bestreichen, in eine flache Schale legen und zugedeckt über Nacht im Kühlschrank marinieren.

3 Für das Paprikagemüse Paprikaschoten vierteln, entstielen, entkernen und die weißen Scheidewände entfernen. Schoten waschen, abtropfen lassen und in Streifen schneiden. Knoblauch abziehen und fein würfeln. Petersilie abspülen, trockentupfen,

(Fortsetzung Seite 104)

Zubereitungszeit:

35 Minuten,
ohne Marinierzeit

Pro Portion:
E: 38 g, F: 38 g, Kh: 8 g,
kJ: 2197, kcal: 525

die Blättchen von den Stängeln zupfen und in feine Streifen schneiden.

4 Öl in einer Pfanne erhitzen. Knoblauch hinzufügen und kurz andünsten. Paprikastreifen in die Pfanne geben, kurz mitdünsten lassen und dann zugedeckt etwa 5 Minuten garen. Paprikagemüse mit Salz und Pfeffer würzen, Petersilie unterrühren und warm stellen.

5 Die Lammkoteletts aus der Marinade nehmen, dabei Knoblauch und Rosmarin etwas abstreifen (brennt schnell an). Öl in einer Pfanne erhitzen und die Lammkoteletts darin von beiden Seiten je etwa 3 Minuten braten.

6 Die Lammkoteletts mit Salz bestreuen, zusammen mit dem Gemüse anrichten und mit den beiseite gelegten kleinen Rosmarinstängeln garniert servieren.

Heilbuttwürfel auf Wurzelgemüse

Einfach

600 g Heilbuttfilet,
TK oder frisch
2 Bund Suppengrün
(etwa 500–600 g,
Sellerie, Porree, Möhren)
1 Bund Kerbel
400 ml Fischfond oder
Gemüsebrühe
Salz
frisch gemahlener Pfeffer
80 g weiche Butter
Saft von 1 Zitrone
einige Zweige Zitronenthymian

Zubereitungszeit:
50 Minuten, ohne Auftauzeit

Pro Portion:
E: 33 g, F: 20 g, Kh: 5 g,
kJ: 1392, kcal: 333

1 Heilbuttfilet gegebenenfalls auftauen, unter fließendem kalten Wasser abspülen, trockentupfen und in mundgerechte Würfel schneiden.

2 Suppengrün putzen, schälen, waschen, trockentupfen und in Würfel, Rauten oder Streifen schneiden. Kerbel abspülen, trockentupfen und die Blättchen von den Stängeln zupfen.

3 Fischfond oder Gemüsebrühe in einem Topf erhitzen, mit Salz, Pfeffer und Kerbelblättchen würzen und das Gemüse darin 10–15 Minuten garen. Heilbuttwürfel darauf legen und im geschlossenen Topf 5–8 Minuten gar ziehen lassen.

4 Butter mit Zitronensaft verrühren und zum Gemüse geben. Zitronenthymian abspülen, trockentupfen und in kleinere Stängel zupfen. Heilbuttwürfel auf Wurzelgemüse mit den Zitronenthymianstängeln garniert servieren.

Beilage: Salzkartoffeln.

Tipp: Der Heilbutt kann auch durch Kabeljau, Rotbarsch oder Schellfisch ersetzt werden.

Putenröllchen auf Tomate mit Schafkäse

Raffiniert

Für den Curryreis:

1 Zwiebel
1 EL Olivenöl
200 g Langkornreis
1 EL Currypulver
400 ml Gemüsebrühe

4 Putenschnitzel
(je etwa 150 g)
Salz
frisch gemahlener Pfeffer
1 Frühlingszwiebel

2 große Scheiben gekochter
Schinken

3–4 Tomaten
2 Zwiebeln
1–2 EL Speiseöl
Zucker
1 TL gerebelter Oregano
120 g Schafkäse

Nach Belieben:

einige Majoran- oder
Oreganostängel

Zubereitungszeit:

40 Minuten

Pro Portion:

E: 54 g, F: 15 g, Kh: 44 g,
kJ: 2256, kcal: 539

1 Für den Curryreis Zwiebel abziehen und fein würfeln. Olivenöl in einem Topf erhitzen und Zwiebelwürfel und Reis darin andünsten. Currypulver unterrühren und kurz mitdünsten.

2 Gemüsebrühe hinzugießen und zum Kochen bringen. Reis bei schwacher Hitze zugedeckt 15–20 Minuten quellen lassen, gelegentlich umrühren.

3 Putenschnitzel unter fließendem kalten Wasser abspülen und trockentupfen, evtl. etwas flach klopfen. Jedes Putenschnitzel mit Salz und Pfeffer bestreuen.

4 Frühlingszwiebel putzen, waschen, abtropfen lassen und in etwa 2,5 cm lange Stücke schneiden. Schinkenscheiben halbieren, je eine Hälfte und ein Stück Frühlingszwiebel auf ein Putenschnitzel legen. Putenschnitzel von der schmalen Seite her fest aufrollen, evtl. feststecken.

5 Tomaten waschen, abtropfen lassen und kreuzweise einschneiden. Tomaten zuerst kurz in kochendes Wasser legen, dann mit kaltem Wasser übergießen. Tomaten enthäuten, halbieren, die Stängelansätze herausschneiden und Tomaten in Würfel schneiden. Zwiebeln abziehen und fein würfeln.

6 Speiseöl in einer großen Pfanne erhitzen. Putenröllchen darin von allen Seiten anbraten und aus der Pfanne nehmen. Zwiebelwürfel in die Pfanne geben und andünsten, Tomatenwürfel hinzugeben und 2–3 Minuten dünsten. Tomatengemüse mit Salz, Pfeffer, Zucker und Oregano würzen. Angebratene Putenröllchen auf das Tomatengemüse legen und bei mittlerer Hitze zugedeckt etwa 10 Minuten garen.

7 Käse in Würfel schneiden, zu den Putenröllchen geben und kurz miterwärmen.

8 Nach Belieben Kräuterstängel abspülen, trockentupfen, in kleine Stängel zupfen und die angerichtetet Putenröllchen damit garnieren.

Hähnchenbrustfilet in Safrangemüse

Gut vorzubereiten

4 Hähnchenbrustfilets
(je etwa 150 g)
Salz
frisch gemahlener Pfeffer
1 EL Weizenmehl
1 Bund Suppengrün
(etwa 250 g)
1 kleine Fenchelknolle
1 kleiner Topf
Zitronenthymian
4 EL Olivenöl
300 ml Hühnerbrühe
1 Döschen Safran (0,2 g)

2 Tomaten

Zubereitungszeit:
30 Minuten und
etwa 25 Minuten Garzeit

Pro Portion:
E: 37 g, F: 11 g, Kh: 6 g,
kJ: 1160, kcal: 278

1 Hähnchenbrustfilets unter fließendem kalten Wasser abspülen, trockentupfen, mit Salz und Pfeffer bestreuen und mit Mehl bestäuben.

2 Vom Suppengrün Knollensellerie und Möhren putzen, schälen, waschen und abtropfen lassen. Von dem Porree die Außenblätter entfernen, Wurzelenden und dunkles Grün abschneiden, die Stange längs halbieren, gründlich waschen und abtropfen lassen. Die vorbereiteten Zutaten in Würfel schneiden.

3 Von der Fenchelknolle die Stiele dicht oberhalb der Knolle abschneiden, braune Stellen und Blätter entfernen und das Wurzelende gerade schneiden. Die Knolle waschen, abtropfen lassen und ebenfalls in Würfel schneiden.

4 Zitronenthymian abspülen und trockentupfen. Einige Stängel zum Garnieren beiseite legen.

5 Olivenöl in einer Pfanne erhitzen und die Hähnchenbrustfilets darin von allen Seiten anbraten. Hähnchenbrustfilets in eine flache Auflaufform legen. Gemüsewürfel und Zitronenthymian in die Pfanne geben und unter Rühren andünsten. Hühnerbrühe hinzugießen und kurz aufkochen lassen, mit Safran, Salz und Pfeffer würzen.

6 Die Gemüsewürfelmischung zu den Hähnchenbrustfilets in die Auflaufform geben. Die Form auf dem Rost in den Backofen schieben.

Ober-/Unterhitze: 180–200 °C (vorgeheizt)
Heißluft: 160–180 °C (vorgeheizt)
Gas: etwa Stufe 3 (vorgeheizt)
Garzeit: etwa 25 Minuten.

7 Tomaten waschen, abtrocknen, halbieren und die Stängelansätze herausschneiden. Tomaten entkernen und das Fruchtfleisch in Würfel schneiden.

8 Hähnchenbrustfilets mit dem Gemüse auf 4 Tellern anrichten. Tomatenwürfel darauf streuen und mit dem beiseite gelegten Zitronenthymian garnieren.

Kartoffel-Knoblauch-Pfanne

Preiswert

1 kg neue kleine Kartoffeln
Wasser
1 gestr. TL Salz
2 Bund Frühlingszwiebeln
10 junge Knoblauchzehen
4 EL Olivenöl
Salz
frisch gemahlener Pfeffer
einige Thymianstängel

Zubereitungszeit:
40 Minuten

Pro Portion:
E: 6 g, F: 11 g, Kh: 47 g,
kJ: 1319, kcal: 315

1 Kartoffeln gut waschen, evtl. mit einer Bürste abbürsten. Kartoffeln mit Wasser und Salz in einem Topf zum Kochen bringen und etwa 20 Minuten kochen. Kartoffeln abgießen und warm halten.

2 Frühlingszwiebeln putzen, waschen, abtropfen lassen und in etwa 3 cm lange Stücke schneiden.

3 Knoblauch abziehen. Olivenöl in einer großen Pfanne bzw. in einem Bräter erhitzen. Knoblauch und Frühlingszwiebelstücke darin andünsten. Kartoffeln hinzufügen und unter Rühren kurz mitdünsten, mit Salz und Pfeffer bestreuen.

4 Thymianstängel abspülen und trockentupfen. Blättchen von den Stängeln zupfen und unter die Kartoffeln rühren.

Beilage: Kräuterquark oder Tsatsiki.

Für selbstzubereitetes **Tsatsiki** benötigen Sie:
1 kleine Salatgurke, 2–3 Knoblauchzehen, 500 g Naturjoghurt, 125 g Magerquark, 1 Esslöffel Olivenöl, Salz und Pfeffer.
Schälen Sie die Gurke und schneiden Sie die Enden ab. Halbieren Sie die Gurke der Länge nach und entfernen Sie die Kerne mit einem Teelöffel. Die ausgehöhlte Gurke fein raspeln und in einem Sieb etwas abtropfen lassen. Ziehen Sie die Knoblauchzehen ab und drücken Sie diese durch eine Knoblauchpresse. Lassen Sie den Joghurt in einem Sieb (mit Küchenpapier ausgelegt) abtropfen und rühren Sie ihn anschließend mit dem Quark glatt. Rühren Sie die Gurkenraspel, den Knoblauch und das Olivenöl unter und schmecken Sie das Tsatsiki mit Salz und Pfeffer ab.

Tipp: Tsatsiki schmeckt gut durchgezogen besonders intensiv, deshalb am Besten am Vortag zubereiten.

Zucchininudeln mit Tomatensauce

Für Gäste

Für die Tomatensauce:

80 g Tomaten, in Öl eingelegt
250 ml (1/4 l) Schlagsahne
1–2 EL Öl (von den Tomaten)
1 Fleischtomate
150 g gegarte Brokkoliröschen
etwas Wasser oder
Nudelwasser

300 g Zucchini
2 1/2 l Wasser
2 1/2 TL Salz
250 g Tagliatelle-Nudeln,
aus dem Kühlregal

40 g geriebener
Parmesan-Käse

Zubereitungszeit:

45 Minuten

Pro Portion:

E: 14 g, F: 31 g, Kh: 28 g,
kJ: 1855, kcal: 441

1 Für die Sauce Tomaten in ein Sieb geben, dabei das Öl auffangen. Sahne mit den Tomaten in einen Topf geben und etwa 10 Minuten bei mittlerer Hitze unter Rühren kochen lassen. Anschließend die Tomaten pürieren und 1–2 Esslöffel von dem aufgefangenen Tomatenöl unterrühren.

2 Fleischtomate waschen, abtropfen lassen, kreuzweise einschneiden und einige Sekunden in kochendes Wasser legen. Dann die Tomate kurz in kaltes Wasser legen, enthäuten, halbieren, entkernen und den Stängelansatz herausschneiden. Fruchtfleisch in Stücke schneiden. Tomatenwürfel und Brokkoliröschen unter das Tomatenpüree rühren.

3 Zucchini waschen und abtrocknen. Die Enden abschneiden. Zucchini der Länge nach zuerst in Scheiben (evtl. mit einer Aufschnittmaschine), dann in lange Streifen schneiden.

4 Wasser in einem Topf, mit geschlossenem Deckel, zum Kochen bringen. Dann Salz, Zucchinistreifen und Nudeln zugeben. Nudeln und Zucchini im geöffneten Topf, bei mittlerer Hitze nach Packungsanleitung, etwa 2 Minuten kochen, zwischendurch umrühren.

5 Anschließend Nudeln und Zucchini in ein Sieb geben, das Kochwasser dabei auffangen. Nudeln und Zucchini mit heißem Wasser abspülen und abtropfen lassen.

6 Falls die Tomatensauce zu dick ist, etwas Wasser oder Nudelwasser unterrühren. Die Nudeln mit Käse bestreuen und zur Sauce servieren.

Asiatisches Pfannengemüse

Raffiniert

300 g Zuckerschoten
300 g Sojabohnensprossen
4 Möhren (350 g)
1 Stange Porree (Lauch)
1 Bund Schnittknoblauch
oder Schnittlauch
300 g Bambussprossen
in Streifen (aus der Dose)
4 EL Speiseöl, z. B. Sesamöl
100 ml Gemüsebrühe
Salz
frisch gemahlener Pfeffer
1 Flasche süß-saure asiatische
Sauce (etwa 250 ml)

Speiseöl zum Ausbacken
1 kleines Pck. Krabbenbrot
(Kroepoek, 100 g)

50 g geschälte, geröstete
Sesamsamen

Zubereitungszeit:
45 Minuten

Pro Portion:
E: 12 g, F: 27 g, Kh: 49 g,
kJ: 2056, kcal: 490

1 Von den Zuckerschoten die Enden abschneiden, die Schoten evtl. abfädeln, waschen, abtropfen lassen. Sojabohnensprossen verlesen, waschen und abtropfen lassen. Möhren putzen, schälen, waschen, abtropfen lassen und zuerst längs in dünne Scheiben, dann in Stifte schneiden.

2 Von der Porreestange die Außenblätter entfernen, Wurzelende und dunkles Grün abschneiden. Stange seitlich einschneiden, gründlich waschen, abtropfen lassen und längs in dünne Streifen schneiden.

3 Schnittknoblauch oder Schnittlauch abspülen, trockentupfen und einige Stängel zum Garnieren beiseite legen. Restliche Stängel in etwa 3 cm lange Stücke schneiden.

4 Bambussprossen in einem Sieb abtropfen lassen.

5 Speiseöl in einer großen Pfanne oder einem Wok erhitzen. Das vorbereitete Gemüse darin unter Rühren 5–10 Minuten andünsten. Brühe hinzugießen und etwas einkochen lassen. Gemüse mit Salz und Pfeffer würzen und mit der süß-sauren Sauce verrühren.

6 Öl zum Ausbacken in einem Topf erhitzen und das getrocknete Krabbenbrot darin in 1–2 Minuten ausbacken.

7 Das Pfannengemüse mit dem Krabbenbrot anrichten, mit Sesamsamen bestreuen und mit den beiseite gelegten Stängeln garnieren.

Tipp: Wer es nicht vegetarisch möchte, kann zusätzlich geschnetzeltes Schweine- oder Geflügelfleisch mit anbraten.

Sommerliches Frikassee

Preiswert – Schnell

Für den Reis:

1 Zwiebel
1 EL Olivenöl
200 g Langkornreis
400 ml Gemüsebrühe
Salz

Für das Frikassee:

4 hart gekochte Eier
150 g gekochter Schinken
1 mittelgroße Tomate
je 1 Bund Petersilie,
Dill und Schnittlauch
30 g Butter oder Margarine
20 g Weizenmehl
250 ml (1/4 l) heiße
Gemüsebrühe
400 g Frühlingsquark
Salz
frisch gemahlener Pfeffer

Zubereitungszeit:
35 Minuten, ohne Abkühlzeit

Pro Portion:
E: 26 g, F: 24 g, Kh: 57 g,
kJ: 2306, kcal: 550

1 Für den Reis Zwiebel abziehen und fein würfeln. Olivenöl in einem Topf erhitzen. Zwiebelwürfel und Reis darin andünsten. Gemüsebrühe hinzugießen und zum Kochen bringen. Den Reis bei schwacher Hitze zugedeckt 15–20 Minuten quellen lassen, gelegentlich umrühren. Den Reis evtl. mit Salz abschmecken.

2 Für das Frikassee Eier pellen. 1 Ei halbieren und in Achtel schneiden, zum Garnieren beiseite legen. Restliche Eier in Stücke schneiden. Schinken in Würfel schneiden. Tomate waschen, abtrocknen, halbieren und den Stängelansatz entfernen. Tomate in Viertel schneiden und ebenfalls beiseite legen.

3 Kräuter abspülen, trockentupfen und einige Stängel zum Garnieren beiseite legen. Von den restlichen Kräutern die Blättchen bzw. Spitzen von den Stängeln zupfen und fein schneiden.

4 Butter oder Margarine in einem Topf zerlassen. Mehl unter Rühren so lange darin erhitzen, bis es hellgelb ist. Brühe hinzugießen, mit einem Schneebesen durchschlagen, darauf achten, dass keine Klümpchen entstehen.

5 Die Sauce unter Rühren zum Kochen bringen, etwa 5 Minuten köcheln und anschließend etwas abkühlen lassen.

6 Quark in die Sauce rühren. Fein geschnittene Kräuter, Schinkenwürfel und Eierstücke vorsichtig unterrühren. Die Sauce mit Salz und Pfeffer abschmecken.

7 Frikassee mit dem Reis servieren und mit den beiseite gelegten Eierachteln, Tomatenvierteln und Kräuterstängeln garnieren.

Gnocchi in einer schnellen Tomatensauce

Schnell – Foto

1 Zwiebel
4 Fleischtomaten
2 EL Olivenöl
1 Pck. TK-Kräuter der
Provence
200 ml Gemüsebrühe
8 EL Tomatenketchup
Salz, frisch gemahlener Pfeffer

Wasser, 1 gestr. TL Salz
500 g frische Gnocchi
(aus dem Kühlregal)

4 Rosmarinstängel

1 Zwiebel abziehen und in kleine Würfel schneiden. Tomaten waschen, abtrocknen, halbieren und die Stängelansätze herausschneiden. Tomaten in Würfel schneiden.

2 Olivenöl in einer großen Pfanne erhitzen und die Zwiebelwürfel darin glasig dünsten. Tomatenwürfel und Kräuter hinzufügen und kurz mitdünsten. Gemüsebrühe hinzugießen und Tomatenketchup unterrühren. Tomatensauce unter gelegentlichem Rühren etwas einkochen lassen und mit Salz und Pfeffer würzen.

3 Wasser mit Salz in einem Topf zum Kochen bringen und die Gnocchi darin nach Packungsanleitung zubereiten.

4 Rosmarin abspülen und trockentupfen. Gnocchi mit Tomatensauce und Rosmarinstängeln garniert servieren.

Zubereitungszeit:
25 Minuten

Tipp: Noch schneller geht es, wenn Sie eine fertige Tomatensauce verwenden.

Pro Portion:
E: 8 g, F: 6 g, Kh: 60 g,
kJ: 1393, kcal: 330

Gratinierte Kartoffeln auf Tomatenragout

Für Gäste

800 g fest kochende Kartoffeln

Für das Tomatenragout:
650 g enthäutete
Fleischtomaten
1 Bund Frühlingszwiebeln
1 EL gerebelter Majoran
1–2 EL Olivenöl
Salz
frisch gemahlener Pfeffer

1 Kartoffeln waschen, schälen, abspülen, in nicht zu dünne Scheiben schneiden und in Salzwasser etwa 5 Minuten kochen. Anschließend gut abtropfen lassen.

2 Für das Tomatenragout Tomaten vierteln, Kerne entfernen und Tomatenviertel halbieren.

3 Frühlingszwiebeln putzen, waschen, abtropfen lassen und in dünne Ringe schneiden. Öl in einer großen Pfanne erhitzen, Zwiebelringe und Tomatenstücke darin andünsten, mit Salz und Pfeffer würzen, Majoran unterrühren.

(Fortsetzung Seite 120)

200 g geriebener
Emmentaler-Käse

Zubereitungszeit:

40 Minuten
und etwa 40 Minuten Backzeit

Pro Portion:

E: 19 g, F: 20 g, Kh: 32 g,
kJ: 1643, kcal: 392

4 Tomatenragout in eine große Auflaufform (gefettet) geben. Kartoffelscheiben dachziegelartig darauf schichten und die Form auf dem Rost in den Backofen schieben.

Ober-/Unterhitze: etwa 180 °C (vorgeheizt)
Heißluft: etwa 160 °C (nicht vorgeheizt)
Gas: Stufe 2–3 (nicht vorgeheizt)
Backzeit: etwa 40 Minuten.

5 Anschließend Kartoffeln mit Käse bestreuen, nochmals in den Backofen schieben und noch einige Minuten überbacken.

Grüner warmer Spargel mit Risotto

Raffiniert

1 kg grüner Spargel
500 ml (1/2 l) Wasser
1 gestr. TL Salz

Für das Risotto:

1 Zwiebel
2 EL Olivenöl
200 g Rundkornreis
500 ml (1/2 l) Spargelfond
100 ml Schlagsahne
Salz, frisch gemahlener Pfeffer
einige Stängel
Schnittknoblauch oder 1 Topf
Schnittlauch
50 g geriebener
Parmesan-Käse

50 g gehobelter
Parmesan-Käse

Zubereitungszeit:

50 Minuten

Pro Portion:

E: 13 g, F: 18 g, Kh: 45 g,
kJ: 1649, kcal: 395

1 Von dem grünen Spargel das untere Drittel schälen und die unteren Enden abschneiden. Spargelstangen halbieren, waschen und abtropfen lassen.

2 Wasser mit Salz in einem großen Topf zum Kochen bringen. Spargel hinzufügen, wieder zum Kochen bringen und zugedeckt etwa 8 Minuten kochen. Spargel mit einer Schaumkelle herausnehmen, abtropfen lassen und warm stellen. Von dem Spargelfond 500 ml (1/2 l) abmessen, evtl. mit Wasser auffüllen.

3 Für das Risotto Zwiebel abziehen und in feine Würfel schneiden. Olivenöl in einem großen Topf erhitzen. Die Zwiebelwürfel darin kurz andünsten. Reis hinzufügen und glasig dünsten. Abgemessenen Spargelfond und Sahne dazugießen. Den Reis unter gelegentlichem Umrühren bei schwacher Hitze etwa 15 Minuten zugedeckt ausquellen lassen, mit Salz und Pfeffer abschmecken.

4 Schnittknoblauch oder Schnittlauch abspülen, trockentupfen und in kleine Röllchen schneiden. Etwa 1 Esslöffel von den Röllchen zum Bestreuen beiseite legen. Geriebenen Käse mit den restlichen Röllchen unter den Reis rühren.

5 Reis mit dem warmen Spargel auf 4 Tellern anrichten, mit den beiseite gelegten Schnittknoblauch- oder Schnittlauchröllchen bestreuen. Gehobelten Käse über den Spargel geben.

Gemüse-Kartoffelwedges aus dem Ofen

Preiswert

500 g fest kochende Kartoffeln
4 Möhren (etwa 350 g)
500 g Staudensellerie
1 Bund Frühlingszwiebeln
5 EL Olivenöl
300 ml Gemüsebrühe
1 Knoblauchzehe
1 Pck. TK-Küchenkräuter
Salz
frisch gemahlener Pfeffer
2 frische rote milde Peperoni
(etwa 60 g)

Zubereitungszeit:
40 Minuten und
etwa 45 Minuten Garzeit

Pro Portion:
E: 5 g, F: 13 g, Kh: 29 g,
kJ: 1089, kcal: 261

1 Kartoffeln waschen, evtl. mit einer Bürste abbürsten, abtropfen lassen und in Viertel schneiden.

2 Möhren putzen, schälen, waschen und abtropfen lassen. Möhren längs vierteln.

3 Staudensellerie putzen und die harten Außenfäden abziehen. Sellerie waschen und abtropfen lassen. Je nach Dicke der Selleriestangen, diese längs halbieren oder vierteln.

4 Frühlingszwiebeln putzen, waschen, abtropfen lassen. Möhren, Selleriestangen und Frühlingszwiebeln in etwa 5 cm lange Stücke schneiden.

5 Olivenöl in einer großen Pfanne erhitzen. Kartoffel-, Möhren- und Selleriestücke darin andünsten und anschließend in eine Fettfangschale oder ein Backblech mit hohem Rand geben. Gemüsebrühe dazugießen. Die Fettfangschale oder das Backblech in den Backofen schieben.

Ober-/Unterhitze: etwa 180 °C (vorgeheizt)
Heißluft: etwa 160 °C (nicht vorgeheizt)
Gas: Stufe 2–3 (nicht vorgeheizt)
Garzeit: etwa 45 Minuten.

6 Knoblauch abziehen und durch eine Knoblauchpresse drücken. Nach 10–15 Minuten Garzeit Kräuter, Knoblauch und Frühlingszwiebelstücke unter die Kartoffel- und Gemüsestücke rühren, mit Salz und Pfeffer bestreuen. Während der Garzeit mehrmals die Kartoffel- und Gemüsestücke umrühren.

7 Peperoni waschen, abtrocknen, entstielen, längs halbieren, entkernen und in feine Streifen schneiden.

8 Gemüse-Kartoffelwedges auf 4 große Teller geben und die Peperonistreifen darauf verteilen.

Tipp: Wer es nicht nur vegetarisch mag, kann dazu kurz gebratenes Fleisch oder Fisch servieren.

Kapitelregister

Suppen

Salate

Snacks & Kleinigkeiten

Kapitelregister

Alphabetisches Register

Alphabetisches Register

Umwelthinweis   Dieses Buch und der Einband wurden auf chlorfrei gebleichtem Papier gedruckt. Die Einschrumpffolie – zum Schutz vor Verschmutzung – ist aus umweltfreundlichem und recyclingfähigem PE-Material.

Wenn Sie Anregungen, Vorschläge oder Fragen zu unseren Büchern haben, rufen Sie uns unter folgender Nummer an 0521 155-2580 oder 5206-45 oder schreiben Sie uns: Dr. Oetker Verlag KG, Am Bach 11, 33602 Bielefeld.

Copyright   © 2004 by Dr. Oetker Verlag KG, Bielefeld

Redaktion   Andrea Gloß

Titelfoto   Thomas Diercks, Hamburg
Innenfotos   Thomas Diercks, Hamburg (S. 13, 15, 23, 25, 43, 53, 63, 73, 75, 79, 85, 91, 93, 105, 113, 117)
Ulli Hartmann, Bielefeld (S. 5, 9, 17, 19, 27, 41, 45, 55, 61, 67, 71, 81, 83, 89, 97, 101, 107–111, 115, 119–123)
Niederländisches Büro für Milcherzeugnisse, Rijswijk (S. 29, 37, 39, 49, 59, 95)
Hans-Joachim Schmidt, Hamburg (S. 51)
Norbert Toelle, Bielefeld (S. 11, 33, 47)
Brigitte Wegner, Bielefeld (S. 31, 77, 87)

Foodstyling   Gerhard Ruhle, Hamburg

Rezeptentwicklung und -beratung   Gerhard Ruhle, Hamburg
Mechthild Plogmaker, Dr. Oetker Versuchsküche

Nährwertberechnungen   Nutri Service, Hennef

Grafisches Konzept   kontur:design, Bielefeld
Gestaltung   kontur:design, Bielefeld
Titelgestaltung   kontur:design, Bielefeld

Reproduktionen   MOHN Media • Mohndruck GmbH, Gütersloh
Satz   JUNFERMANN Druck & Service, Paderborn
Druck und Bindung   MOHN Media • Mohndruck GmbH, Gütersloh

ISBN 3-7670-0801-7